生活·讀書·新知 三联书店

子安宣邦作品集

近代日本的中国观

[日]子安宣邦 著
王升远 译

Simplified Chinese Copyright © 2020 by SDX Joint Publishing Company.
All Rights Reserved.
本作品简体中文版权由生活·读书·新知三联书店所有。
未经许可，不得翻印。

日本人は中国をどう語ってきたか
KOYASU Nobukuni © 2012

图书在版编目（CIP）数据

近代日本的中国观／（日）子安宣邦著；王升远译.—北京：生活·读书·新知三联书店，2020.6（2023.6重印）
（子安宣邦作品集）
ISBN 978-7-108-06816-3

Ⅰ.①近… Ⅱ.①子… ②王… Ⅲ.①汉学-研究-日本-近代 Ⅳ.K207.8

中国版本图书馆 CIP 数据核字（2020）第 057697 号

责任编辑	周玖龄
装帧设计	康　健
责任校对	张国荣
责任印制	董　欢
出版发行	生活·讀書·新知 三联书店
	（北京市东城区美术馆东街22号 100010）
网　　址	www.sdxjpc.com
图　　字	01-2018-4880
经　　销	新华书店
印　　刷	三河市天润建兴印务有限公司
版　　次	2020年6月北京第1版
	2023年6月北京第2次印刷
开　　本	880毫米×1230毫米　1/32　印张8.625
字　　数	192千字
印　　数	07,001-10,000册
定　　价	49.00元

（印装查询：01064002715；邮购查询：01084010542）

目 录

第一章 北一辉的辛亥革命观
　　——读北一辉的《支那革命外史》之一 ………… 1
一　与中国的本质关系 ………………………………… 1
二　回忆辛亥革命百年 ………………………………… 3
三　北一辉对中国革命的介入 ………………………… 5
四　北一辉发自革命中国的电报 ……………………… 9
五　"北袁"与"南孙" ………………………………… 11

第二章 国民自卫本能之奋起
　　——读北一辉《支那革命外史》之二 …………… 15
一　北一辉传递的信息 ………………………………… 15
二　有个"愚人岛日本" ……………………………… 17
三　送宋教仁赴京 ……………………………………… 20
四　何谓宋教仁的决心 ………………………………… 22
五　亡灵托梦 …………………………………………… 24

第三章　谁在"替支那人为支那考虑"

——读内藤湖南的《支那论》之一 …… 28

一　内藤湖南论的视角 …… 28

二　1914年这一时期 …… 31

三　何谓"替支那人考虑" …… 33

四　汉学家内藤湖南 …… 36

五　"支那学家"内藤湖南的神谕 …… 37

第四章　内藤湖南预测了什么，未预测什么

——读内藤湖南《支那论》之二 …… 39

一　新版《支那论》的漏字 …… 39

二　唯有共和制 …… 42

三　"近世"抑或中国式"近代" …… 44

四　中国式的国家与社会 …… 46

五　内藤湖南的"乡团组织" …… 48

第五章　如何阅读橘朴

——读橘朴《支那社会研究》之一 …… 52

一　引起我注意的两个人 …… 52

二　橘朴者，何许人也 …… 54

三　我们懂橘朴吗 …… 57

四　阅读橘朴的方式变化 …… 61

第六章　中国飘摇在社会革命之波澜中
——读橘朴《支那社会研究》之二 … 64
一　何谓"社会革命" … 64
二　内藤湖南与橘朴 … 66
三　毋宁说中国是太年轻了 … 71
四　官僚统治阶级 … 72
五　中国革命是民主主义革命 … 77

第七章　对橘朴而言，"满洲"意味着什么
——读橘朴的《满洲事变与我的转向》… 81
一　所谓"转向" … 81
二　何谓"转向" … 83
三　"满洲"这一现场 … 87
四　何谓"亚洲主义" … 89
五　"农民民主主义" … 91
六　"亚洲解放"的基础 … 94

第八章　对"事变"转机的斗士知性证言
——读尾崎秀实的"东亚协同体"论 … 97
一　"内面的尾崎" … 97
二　尾崎的"名誉恢复" … 101
三　如何解读 … 103
四　战争过程的转机 … 106
五　"东亚新秩序"与"东亚协同体" … 110
六　为什么是"东亚协同体" … 112

第九章 昭和（事变／战争）时期"东方式社会"的理论结构
——读森谷克己的"东方式社会之理论" ………… 116
一 "东方式社会之理论" ………………………………… 116
二 昭和的"东洋式社会" ………………………………… 119
三 "东方式社会"与"封建社会" ……………………… 122
四 "东方式社会"与"村落共同体" …………………… 126

第十章 读出中国的"村落共同体"
——读平野义太郎的《大亚洲主义的历史基础》 …… 130
一 《大亚洲主义的历史基础》 …………………………… 130
二 "中国（华北）农村习俗调查" ……………………… 134
三 平野·戒能论争 ………………………………………… 136
四 平野·戒能论争的战后回响 …………………………… 143

第十一章 日中战争与文学证言
——读石川达三《活着的士兵》和火野苇平的《麦与士兵》 ……………………………………………………… 148
读《活着的士兵》 ……………………………………… 148
一 虐杀之开篇 ……………………………………………… 148
二 "虚构"的证言 ………………………………………… 152
三 小说《活着的士兵》之创作手法 …………………… 154
读《麦与士兵》 ………………………………………… 159
一 被删除的结尾 …………………………………………… 159
二 士兵身份 ………………………………………………… 161

三 "身为士兵"意味着什么 164
四 身为士兵的火野 165
五 "平常士兵"体现出了什么 168
六 昭和战争时期的"国民文学" 170

第十二章 原本就是憧憬对象的中国革命
　　——读竹内好的《现代中国论》 175
一 竹内好的评价 175
二 "鲁迅问题" 178
三 否定、反语式的语言 180
四 光彩夺目的"中国革命·共产党"形象 184
五 对鲁迅进行的"奴才论"式重构 186
六 "自觉到败北感的败北" 189
七 日本什么都不是 191
八 作为反语的中国 192

第十三章 文学化、过于文学化的"毛泽东"
　　——读竹内好的《评传毛泽东》 195
一 战后的两篇代表性论文 195
二 日中近代化对比论 198
三 何谓中国的"近代" 200
四 《评传毛泽东》 202
五 文学化、太过文学化的"毛泽东" 205

第十四章 不为"文革"刹车的错误言论
——读加加美光行的《作为悖论的中国革命》·········212
一 战争的结束方式·········212
二 "文化大革命"的结束方式·········214
三 "文革"在日本的终结·········216
四 迟来的"文革"呼应者·········218
五 何谓"反近代"的战斗·········220
六 对竹内的过度重述·········222
七 "民众"与竹内好之重构·········225

第十五章 现代中国的历史辩证法
——读沟口雄三的《作为方法的中国》和《中国的冲击》·········231

读《作为方法的中国》·········231
一 沟口的"文革"观·········231
二 作为憧憬的中国革命·········235
三 "作为方法的中国"·········239

读《中国的冲击》·········244
一 "中国的冲击"之二重性·········244
二 多元世界论·········245
三 "中华式世界"的再次登场·········247
四 "中国独特性、同一性"的历史认识·········250

后　　记·········256
译后记·········258

第一章
北一辉的辛亥革命观
——读北一辉的《支那革命外史》*之一

> 呜呼,诸公!日本人对支那革命应受之光荣,非当前的物质助力或置酒青楼争功者的个人会谈,而存乎赋予日本以兴隆和思想的国家民族主义。
>
> ——北一辉:《支那革命外史》

一 与中国的本质关系

中国问题即是昭和日本的问题,它最终决定了昭和日本的国家命运,换言之,即国家发展的历史趋势。昭和10年代,中国问题甚至演变为日中战争这一最为恶劣的军事事态。那是一场既无理由亦无前景的战争,军部和政府都视之为"事变"而非"战争",日本在中国扩大的军事行动遂在这种状态下深陷泥沼,不可自拔。在中国大陆的军事行动陷入进退维谷之境的情况下,日本又在1941年12月8日发动了针对英美的太平洋战争。对英美的开战,使得日本在中国大陆的那场不明不白的战争变得有理有据。而这么做的不只是政府和军部,还有国民,对英美开战使人们从愁苦压抑的情绪中转而变得欢欣鼓舞起来。

---

* 为保持史料的历史样貌,对引文和文献中的用词不做调整。下同。——编者

昭和16年（1941）春，哲学家信太正三从京大哲学科毕业后即受到征召，被派往中国前线。当年12月，信太在战斗训练中负伤，住进保定的陆军医院。当时，对英美开战的消息传到了医院。闻听此讯，"整个医院仿佛沸腾了一般，兴奋异常"，病房中有个人发了疯似的叫嚷着"太好了"。① 在中国大陆参战的士兵们听闻对英美开战的消息都欢欣鼓舞，但发疯般地嚷嚷着"太好了"，还是让人觉得有些异常，因为，在大陆，他们所投身其中的战争本身便已是如此的沉重。1941年12月8日当天，无论是战线上的士兵，还是后方的国民都认为"真正的战争"开始了。而与中国的"战争"却依然打着"事变"的幌子继续着，日中战争在国民的意识当中是一直被隐瞒着的"战争"。

1945年的终战，对日本人而言，就是太平洋战争的战败，所有人都认为日本是败给了美国。事实上，美国向广岛、长崎投下了原子弹，烧光了大部分城市并占领了日本，还担起了战后处置之责。因此，"战争"的终结只与美国有关，无论是日本政府还是日本国民，都不想把战败视作在中国大陆这场深陷泥沼的战争之失败。昭和日本的战争是始于中国的战争，而且在中国大陆的战争始终在延续着。然而，这场发生在大陆但从未被称为"战争"的战争，却是以太平洋战争的战败而被终结的。不过，那是日美之间的了断，而非日中之间的了断。在日本战败的同时进入激化状态的中国内战，以及"人民中国"成立后的朝鲜战争，延宕了日中之间的了断。日中之间的了断长期以来都处于被搁置的状态。因此，即便1978年签订了《日中和平友好条约》，也是在本质性的了断尚未实

---

① 信太正三：《我的战争体验史》，理想社，1968年。

现或者说无意实现的状态下,仅仅是以恢复两国关系为目的而仓促为之的。于是,日中之间唯有经济方面的双边关系向着深广的方向发展了下去。

日中之间的本质性了断自然与对过去的历史认识有关,双方亦应对如何确立未来亚洲和平的问题达成一致。我们与怎样的中国、如何相处才能确保亚洲和平,这自然是与当代日本国家命运相关联的本质性问题。但日本和中国都在没有解决这一本质性问题的情况下,深化了经济领域的双边关系。在现已成为世界屈指可数的经济大国的中国眼前,我们可谓束手无策。中国这个大国是可以携手共创亚洲和平的邻居吗?我们与中国至今未能建立起本质性的邻居关系,尽管经济关系得以深化,但本质上还是疏远的。

二 回忆辛亥革命百年

今年(2011)是辛亥革命一百年,不知在中国辛亥革命将被如何纪念。但现在身为日本人的我们纪念辛亥革命,对于恢复与中国已然失去的本质性关系来说,是很重要的。以1911年10月10日的武昌起义为肇端的辛亥革命与日本关联甚大,推行革命的主体多是流亡或曾留学日本的中国人,日本也为这场革命提供了各种援助。法国的中国现代史学家毕仰高写道:

> 日本也曾是让那些共和主义者深心铭感的楷模。另外,说得俗一点,日本是资金、武器和情报的供给源。日本的各派爱国者们都毫不吝惜地把这些东西挥洒出去。他们都对削弱甚至颠覆满洲王朝感兴趣,但动机却各不相同,纯

粹者有之，不那么纯粹者亦有之。①

从外部视角来记述与辛亥革命有关的日本与日本人，或许就是这样的，而这种记述的确揭示出了内部观察者所写不出的侧面，但与此同时，他们所写不出的是介入了这场辛亥革命的日本人之心。毕仰高将这些人概括为"爱国者"，若是指黑龙会系的国家主义者，那就是与中国的民族主义相呼应、站在"亚洲主义"立场上的国家主义。接下来我要写的北一辉（1883—1937），便是被黑龙会的内田良平送进中国革命的日方介入者。北一辉是与中国的国家民族主义相呼应并参与了革命的日本国家民族主义者，是介入了新中国国家改造的日本国家改造论者。我想称这一立场为"亚洲主义"。何谓近代日本的"亚洲主义"，这正是我要通过本书回应的问题。而现在要事先声明的是，"亚洲主义"是将日本的变革与中国及亚洲诸民族的变革予以共时性或者联动性思考的活动者的立场。辛亥革命中的日方介入者便是此种"亚洲主义"者。对他们来说，中国的变革并不是与身为日本人的自己无缘因而疏远之的。他们将明治维新的日本国家民族主义变革视为亚洲变革之起始，认为中国的民族变革将与新的日本民族变革形成联动。从这个意义上可以说，他们是与中国有着或曰希图建立起本质性关系的日本人。值此辛亥革命百年之际，我们应纪念的首先是这些试图与中国建立起本质性关系的"亚洲主义"者吧。本书试图从重读北一辉开始重新理解近代日

---

① 路希安·毕仰高（Lucien Bianco）著，坂野正高译，坪井善明补译：《中国革命的起源：1915—1949》，东京大学出版会，1989年。引文中的"共和主义者"指的是国民党前身中国革命同盟会的孙文等人。

本的"中国论",也是出于这个原因。

三 北一辉对中国革命的介入

北一辉介入了中国革命,并通过介入,在核心层接触到了中国革命。他基于这一体验撰写了《支那革命外史》。而他所体验到的中国革命是怎样的呢?明治43年(1910),实现了"日韩合并"的日本计划正式启动其大陆政策,就在此时,辛亥革命爆发了。在当地参与了这场革命的北一辉在发给内田良平的电报中称:"支那的革命即是日本对支政策的革命。"① 实地观察了中国革命的北一辉,从这场革命中感受到了一些倒逼日本大陆政策改变的气氛,他的确是实地感受了中国革命之为何物的。

在北一辉的年谱② 中,明治44年(1911)11月曾有"接到来自宋教仁的邀请电报赴上海"的记载。以辛亥之年命名、以武昌起义为肇端的这场革命发生在此前一个月,也就是10月10日,起义的枪声是在革命派的准备尚未全备之际打响的。当时尚在上海的革命派领导人黄兴、谭人凤、宋教仁等人被要求即刻赶往武汉。这场慌乱革命之爆发急需日本方面的火速支援,不只是财政、军事方面的援助,人员的助力也很必要。一封发给黑龙会(内田良平)邀请北一辉前来支援的电报使其匆忙赶往了上海,北一辉介入中国革命的活动由此拉开序幕。

---

① 北辉次郎(即北一辉)致内田良平电报[明治45年(1912)2月6日]"关于辛亥革命的电报",载《北一辉著作集》(第3卷),美铃书房,1972年。
② 北一辉"年谱",《北一辉著作集》(第3卷),附录。

北一辉与中国革命的关联，据说是从其加入宫崎滔天、萱野长知、池亨吉、平山周等所谓大陆浪人同人组建的革命评论社开始的。时在明治39年（1906），北一辉23岁。那年，北一辉自费出版了《国体论及纯正社会主义》，但此书很快便被当局禁售，而其加入革命评论社就在这一时期。被称为大陆浪人的宫崎等同人组建的革命评论社与中国革命同盟会联系密切，并援助了中国革命；北一辉亦加入了孙文等的革命同盟会，为支援中国革命而四处奔走。明治41年（1908）北一辉欲赴华，却在神户被刑警抓了回来，作为社会主义者，他受到了严密的监控。明治43年（1910）5月，"大逆事件"引发的针对社会主义者、无政府主义者之逮捕行动开始了；同年7月，北一辉亦遭逮捕，好不容易才被释放。翌年，他便受中国革命派领导人之一的宋教仁之邀去了上海。

　　以上，我考察了1911年11月之前北一辉与中国革命相关的经历，他与旅居日本的黄兴、宋教仁等中国革命家们共有革命的志向与情感。但身为日本人的北一辉，何至于亲临其地参与中国革命，在此之前他的心理历程又是怎样的呢？在论及北一辉及其《支那革命外史》时，野村浩一在解说文中指出："他加入革命评论社、关注中国革命的心理历程未必是明晰的。恐怕其中各种各样的契机都混杂在一起——如因《国体论》被禁而心生忧郁，还有个人的野心等。"① 要问是什么让他参与了中国革命，也许正如野村所说的那样，是忧郁、野心，混杂着寻求出路的沮丧吧。松本健一对这种沮丧做

---

① 野村浩一：《关于〈支那革命外史〉》，《北一辉著作集》（第2卷）"解说"，美铃书房，1959年。

了文学性的分析。① 所谓文学性，就是说松本的分析是对穷途末路的青年革命家北一辉之心情进行的文学重构，并试图据此说明他所遭遇的事态。松本把以"外柔"之名发表于《革命评论》的《自杀与暗杀》一文作为北一辉的作品，论述了被时代与权力挡住去路的青年革命家之抑郁。自杀就是失败，那么就应该实施暗杀吗？但暗杀并非革命。革命之路遭遇封锁的北一辉眼前浮现出了"暗杀"一词。松本认为，北一辉"拼命要从暗杀之念中逃离出去"：

> 并且若是性急地一心想要革命，浮现在他眼前的便是暗杀。北一辉拼命要从暗杀之念中逃离出去，为此，只能将目光从本应是革命对象的日本移开。这就是支那革命被急剧放大的原因之所在。可以说，北一辉投身于支那革命，是一种思想上的逃亡。

旨在尽早铲除日本社会主义者、无政府主义者的"大逆事件"发生在明治末年，青年革命家北一辉也是在这一时期介入了中国革命。松本将北一辉的行为视为"逃离暗杀之念"，将其专注于中国革命视作"一种思想上的逃亡"。松本的心理分析式解释，阐明了北一辉参与中国革命之前的"心理历程"。但这种分析所阐明的意义，也只有在这个范围内方可成立。将专注于中国革命称为"思想上的逃亡"，是松本过度的文学阐释。以大隈重信等当政要员为明

---

① 松本健一：《逃离暗杀之念》，收入《北一辉论》，现代评论社，1972年。松本在《幸德秋水与北一辉》[竹内·桥川编：《近代日本与中国》（上），朝日选书，1974年] 中，也认为北一辉有"逃离暗杀之念"。

确受众而写作的《支那革命外史》,果真出自一个日本革命的思想逃亡者之手吗?松本根据逃亡者一说进行了反转,他提出的异说使北一辉成了参与革命的"一个兵卒":

> 北一辉参与支那革命是出于要逃亡之状况,这也决定了他在支那革命中的立场。可以说,他将自己定位为革命的一个兵卒(一个民众)。正是由于北一辉抛弃了作为日本人的立场(优越感),才能把自己奉献给支那自身的民族主义革命。

但这完全是一派胡言。被黑龙会送到中国革命派核心层的北一辉,不可能仅仅是中国革命的"一个兵卒",他也不可能把自己视作"一个民众"。刚抵达上海的北一辉便立即给内田良平发送电报,要求"派十位将校来""将往武昌,给我五百",[①] 这是一个革命小兵能发出的电报吗?从北一辉明治末年走投无路的心理,到其参与中国革命的动机,松本的文学性解释不仅错误地把握了介入中国革命的北一辉,亦未弄清介入者北一辉所体验并重新认识的"革命中国"为何物。

明治44年(1911)11月,应革命派核心层领导者宋教仁之邀,北一辉为介入刚爆发的中国革命而紧急赴华。他并未投身于中国革命,其身份是由日本、由化身为民间承接机构推进日本大陆政策的黑龙会送到中国革命核心层的特权介入者。北一辉是宋教仁所选择和邀请的,原因究竟在于其革命理念、革命气质抑或是出于同志友情,这些暂且不论,现实情况是,宋教仁需要北一辉这个人,而北一辉亦接

---

① 《黑龙会有关辛亥革命的记录》,收入《北一辉著作集》(第3卷)。

受了邀请。辛亥革命中，革命派的核心人物并非孙文，而是宋教仁。革命伊始，孙文还不在中国。革命后很久方才回国的孙文尽管被选为中华民国临时大总统，但对他而言，辛亥革命相当于其"不在场"的革命。相反，宋教仁却自始至终都是革命历程中的核心。应宋教仁之邀由日本赴华的介入者北一辉，也与宋一同身处核心层而经历了这场革命，这在日本人的中国革命体验中是很罕见的。这样，中国革命的介入者北一辉便与宋教仁共有了中国革命的理念。

四　北一辉发自革命中国的电报

每当中国情势因为新政府和新国家之成立而发生跌宕起伏的变化时，北一辉便会从中国革命动荡的核心层向黑龙会的内田良平发送紧急电报，其中有"没钱了，拜托"这类直白的汇款请求，也有对未能就中国情势的变化做出正确应对的日本大陆政策感到焦虑并强烈要求其修正的长文。《支那革命外史》是站在外部同行体验者的立场上，以批判的态度详尽介绍革命中国之复杂曲折的作品，悲愤慷慨的作者那带有煽动性的饶舌表述读起来很累，妨碍了我们对事态的理解。北一辉在发给内田的那些行文简短的电报中，直截了当地告诉我们，变化多端的革命情势中存在着怎样的问题，以及日本该如何应对。例如，我们可以看看这封在明治44年（1911）12月18日发给内田的电报：

> 要理解非满洲朝廷意义上的君主政治，殊非易事。不可谋划今日的支那再出现如黄兴天皇、孙逸仙皇帝、袁世凯陛下之类的君主。支那的共和制并非美国之翻版，它已

经表现出立足于历史与现状的自治,拒绝各省联邦,要从根本上采用日本的中央集权制的倾向。见此,杞人如我不禁忧心这将波及日本或者英、俄的君主制。①

这封电报发送的这一天,北京的袁世凯政府与南京革命派临时政府正在南京举行南北和平会谈。经过激烈的斗争和讨价还价,南北统一的新国家和新政府已有望成立。25日,革命的"不在场"者孙文在热烈的欢迎中回到上海,29日,他被选举为中华民国临时大总统。北一辉的电报所指向的,正是日本对南北双方谋求和平、中国即将诞生新的统一国家之情势的反应。对于中国将成立非君主制共和政体国家以取代清王朝帝制国家的状况,从政界到民间,日本上下正怀着巨大的危惧之感观望着。当年的1月18日,参与"大逆事件"的24人被判处死刑。中国采取的政体是君主制抑或是共和制,甚至会影响到日后昭和的"满洲国"皇帝,是决定了近代日本之中国政策的重要问题。而今,北一辉正是面向日本舆论讨论即将成立的新中国政体。他说,南京现在将要成立的绝非"黄兴天皇·孙逸仙皇帝·袁世凯陛下"这般变相的君主制政体国家,而是共和制政体的国家和政府。他还说,这种共和政体并非美国政体的翻版,而是立足于中国的历史与现状的中国式自治的表现;并且认为,作为对中国建立统一国家之吁求的回应,共和政体将排除美国式的联邦制而采用日本的中央集权制。北一辉在这封电报中所说的"共和政体"最终形成了《支那革命外史》中的"东方

---

① 同前所引"关于辛亥革命的电报",载《北一辉著作集》(第3卷),引文中着重号为子安所加。

式共和政体"之政治理念。

　　这封电报就像是与一周后到来的孙文之提前对决。中国的共和政体并不是对美国的翻版式引入，而是历史与自治的产物；并非美国式的联邦制，而是日本式的中央集权制。而这些都是针对孙文的"美国式理想"而言的。北一辉从革命的核心层向日本发出的信息告诉我们，他一扫笼罩在日本人心上和眼中的"孙文式幻影"，传达了革命中国的真正理想与诉求。因为《支那革命外史》难读，我想将北一辉的电报作为解读该书之导引，这样做是没错的。而他的电报让我清楚地意识到其写作《支那革命外史》的缘由。他在书中指出，孙逸仙是辛亥革命中"不在场"的英雄，只有明白了英雄仅仅是徒有虚名，人们才会明白革命中国的真正诉求以及中国革命潮流的真正面目。老老实实读过这本书，你就会知道，北一辉已经把这些说得很清楚了。如果革命中国的理想与诉求都与孙文所言不同，那么接下来的问题便是提给他自己的吧。其一，"支那是如何采用了共和政体的"；其二，"孙文是如何被推举为民国第一任总统的"。他表示，要回答自己的这些问题，就得"从革命的思想成因上开始追溯、考察"。①

五 "北袁"与"南孙"

　　《支那革命外史》的第2章"孙逸仙的美国式理想并非革命党

---

① 《支那革命外史》第2章"孙逸仙的美国式理想并非革命党之理想"，载《增补·支那革命外史》，内海文宏堂书店，大正10年（1921）初版，昭和12年（1937）增补版。

之理想"开宗明义地写道:

> 孙逸仙,在其秘密结社时代起就是中国同盟会总理,又是南京临时政府第一大总统。世人以此视其为支那革命党理想之代表,其言论被推定为新支那之诉求。人们似乎以为可根据对他的解释洞察支那革命党之真相,推测革命支那之动向。

也就是说,无论是在理念上还是现实上,能代表中国革命的都是孙逸仙。这不光是关注中国革命事态进展的日本,恐怕也是举世皆然的看法吧。其后,中国共产党、国民党也都公开承认了这一看法。于是,孙文被当作革命之父在中山陵受人祭拜,而我们也在不觉间形成了这样的孙文认识。恐怕北一辉在身处革命旋涡之前,便是将孙文作如是观的。尽管他确实很早就与反孙文派的黄兴、谭人凤、宋教仁交厚,但当着孙文的面宣誓加入同盟会的北一辉,或许还是认为只有孙文才是代表了革命中国的人。然而,在孙文所缺席的第一次革命之核心层与宋教仁等生死与共的北一辉,到了缺席革命的孙文作为南方革命派代表与北方君主派政府的袁世凯开始南北和谈之时,对孙文的不信任感井喷式地爆发了出来。北一辉谈论了革命中国与错误的孙文理想,这是对以孙文代表革命中国之论的否定:

> 而岁月的考验与严正的事实,终让我们不得不如此断言。可以看到,孙君之理想从其最初的倾向起便是错误的,支那的诉求与孙君所欲给予者全然不同。若此判定无

误,从他身上观察革命运动、思考革命支那之努力便是徒劳之举。

北一辉否认了孙文在革命中国的代表性,这一态度在为孙文归国而备的电报(1911年12月)中便已有所表明,且在大正4年(1915)撰写的《支那革命党及革命之支那》(请参考《支那革命外史》第8章)中已体系化地表达清楚了。前者那封电报发给了黑龙会的内田,后者则是写给以大隈重信为代表的政要并随即印刷、散发的。因此,电报和文章都是作为北一辉强力敦促日本政府和民间修正对华政策的情报而撰写、发送的。这一信息的核心是,以孙文来代表中国革命党和革命中国是错误的。为此,北一辉就必须点明中国革命党的主流何在,何为革命中国真正的理想与诉求。《支那革命外史》就是如此写就的。

即便如此,北一辉何以如此激烈地否认孙文在革命中国的代表性呢?他谈到了当时占据统治地位的中国观——据说,"凡论支那者,皆将袁世凯、孙逸仙相提并论,'北袁南孙'之说即便在支那本国也是作为新旧两党的代名词来使用的"。那封电报确实是在分别以袁世凯和孙中山为代表的北南双方即将召开和平会议之际发送的。而在《支那革命外史》写作之时,袁世凯已是拥有独裁权力的大总统,同时,孙文则在东京组建了中华革命党。辛亥革命以降,中国的剧烈动荡似乎就是以"北袁"和"南孙"的对立为基轴展开的;日本的对华政策也是以这一对立为前提而制定的。这一时期日本的对华政策是将中国分裂作为良机,考虑如何维持和发展自身的权益。辛亥革命甫一爆发,驻清国公使伊集院彦吉便向内田外相建议说:"恰好利用这一形势,至少建立起中清与南清这两个独立的国家，而北清则由现朝廷继续统治。"① 此乃分裂中国之策，而20世纪日本的对华政策基本上一直如此。因此，以"北袁"与"南孙"的对立图示来把握中国，是与以中国分裂策略为前提的对立图示同调的。日本所谓的亚细亚主义者对将孙文视作代表的革命派之支援，实则是对日本政府分裂中国之大陆政策的补充。而北一辉对此早已洞明于心。

在《支那革命外史》中所展开的孙文批判并不意味着北一辉厌恶孙文，那只是他向日本提出的从本质上修正其中国观和中国革命观之要求。在明治45年（1912）2月6日发给内田良平的电报中，北一辉指出："支那的革命，是日本对支那政策之革命。"了解何谓中国革命，知晓革命中国真正的诉求为何物，就要求日本必须革新其对华政策。《支那革命外史》对孙文的批判，便是要求日本从根本上纠正其对华政策。

---

① 引自尾崎辉彦的《辛亥革命》（二十世纪·三，中央公论社，1977年）。

第二章
国民自卫本能之奋起
——读北一辉《支那革命外史》之二

> 支那革命非因民主共和之空论而起,而是旨在救亡图存的国民自卫本能之奋起。
>
> ——北一辉:《支那革命外史》

一 北一辉传递的信息

此时此刻,北一辉要告诉日本朝野人士的是,当下中国要以革命传递怎样的信息。他自负地认为,唯有自己才能最为准确地传递这一信息。他要追问的是,日本的对华政策何以只能让邻国的反日呼声日甚一日。他指出:"外国对内乱某一方的援助与人们对干涉的恐惧之间,实乃一纸之隔。"① 有人以为,作为日本外交政策而施行的革命援助,只让人预料到了最终的侵略结局并助推了中国民众爱国心之觉醒,但实际上却没那么简单。北一辉说:"孙逸仙背后有日本撑腰的谣言,不仅不能成为革命之助力,反将使革命党殒命于卖国贼的乱箭之下。"将新的帝国主义国家日本当作中国革命基地的孙文,其革命战略的问题正在于此。日本的所谓亚细亚主义者误以为援助孙文就是援助中国革命,这种错觉便是问题之所在。这

---

① 北一辉:《支那革命外史》第2章"孙逸仙的美国式理想并非革命党之理想"。

一错觉非但帮不了中国革命，反倒会使革命党们因"孙逸仙背后有日本撑腰"的传言而遭屠戮。

日本政府的对华政策，以及日本在野亚细亚主义者对革命之援助都根源于错觉，这些政策和活动都只能让中国的反日呼声高涨。因为日本人并不了解中国革命的真正要求抑或动乱的真实原因。北一辉说，日本人中了解此实情者舍己无他。这种说法的确展现了北一辉式的倨傲，然而，这其中却有一个不能因其言论中的倨傲态度而忽略掉的重要问题。在他之外可曾有人说过，最终以五四运动为顶峰的中国反日运动，其真正原因在于"我们日本"，在于包括援助孙文革命的日本亚细亚主义者在内的"我们日本"？他的确是在核心层观察了1910年代的辛亥革命及后续中国苦难历程的唯一一位日本人。他如此表述自己有关革命之言论的正确性：

> 鄙人经历过革命党的秘密结社时代，在革命混乱之际又与其核心人物之一——已故宋教仁君携手上下长江，亲历聚散离合之势，还曾作为完全身处旋涡之人目睹了南京政府之兴废，身为外国人，有着判断无误的便利条件。诸公所知若与兹所言者相异，那皆出自支那通们游侠式的浮夸虚言，抑或是以官僚们纸上谈兵式的观察而得出的谬论。与这些人相比，鄙人之言多可视为正确之论。①

曾身处革命旋涡中的北一辉，表述了其围绕中国革命问题所出信息之正确性。况且在革命旋涡之中，他的身份就是革命派中

---

① 《支那革命外史》第4章"革命党的觉醒时代"。

枢人物宋教仁之僚友。如此说来，这本叙述辛亥革命及其后续展开的《支那革命外史》之正确性，就是以宋教仁等为中心的"革命史"之正确性。北一辉在《支那革命外史》中首次表述了以宋教仁为中心观察辛亥革命及其后续展开的合理性，以及仅以孙文的视角看待中国革命的不合理性。他认为，一味地将中国革命看作"孙文革命史"，不仅会导致革命史认知与叙述的错误，这也是日本人之中国观及其革命观的问题，是与大陆政策之基础相关的问题。①

二 有个"愚人岛日本"

日本现代史将辛亥革命表述为日本大陆政策的重大变动。"在1911年10月10日的中国，武昌起义成功举事，旨在推翻清朝统治的辛亥革命爆发。它不仅使中国进入了剧变时代，这一巨大变动也波及了日本和整个亚洲。革命的爆发随即使当时日本的政局陷入了分裂。首先，陆军将中国因革命而发生的混乱视为'千载一遇的良机'，在俄国甫一发出蒙古独立宣言，表达了将其殖民化的意向

---

① 几乎没有论者以这样的视角讨论北一辉的《支那革命外史》。换言之，即没有人将此书视作身处辛亥革命核心的北一辉要求修正日本错误的中国革命观并试图传达革命真相的作品。田中惣五郎等人被北一辉革命观之饶舌所欺骗，他们在展开有关维新革命、法国革命讨论时批判了北一辉的中国革命论："我之所以尝试粗略地勾勒维新革命和法国革命之轮廓，一来是由于北一辉《支那革命外史》中的基本知识看似是以这两次革命为参考来领导中国革命；二来是考虑到明确了这一点，会让我们对北一辉的理论产生批判。"（《北一辉——增补版》，三一书房，1971年）

之时，山县（有朋）就为与俄国合作占领满蒙而提议增派两个师团。"① 据说，对于山县增派陆军的主张，井上馨评论道，与其派遣军队而与革命派对立，不如援助革命派以确保利权。现代史的撰述者们说，井上的主张反映了日本资本主义的要求，即较之于国家威望和意识形态，日本的大陆政策更应该由经济上的利害关系来决定。直面财政困难的西园寺首相接受了井上的主张，拒绝了山县的满洲派兵论。但日本军部的野心并未就此得到满足。就在中华民国临时政府于南京成立之际，军部派遣大陆浪人川岛浪速去策划满蒙独立。辛亥革命刺激了日本的大陆政策，使其确保利权、扩张势力的欲望变得毫无遮掩。北一辉说，日本的大陆政策正是南北和平得以实现，袁世凯就任大总统，并将政府迁往北京的原因。

> 日俄订约，首都烽火甚急。傀儡般的孙逸仙、粪土般的黎元洪和朽木般的袁世凯，面对悲痛的爱国呼声，当做何选择？去北京，去北京！总统不可离开首都，政府应北迁，参议院亦应设在北方，袁世凯能当上大总统的一切原

---

① 藤村道生：《日本现代史》（世界现代史Ⅰ），山川出版社，1981年。藤村讨论了这一时期大陆政策中政府与军部的对立，他说："但政府与军部的妥协还是可能的。因为双方在与列强合作、从中国强取利权的基本线上是一致的。"在此基础上，藤村写到了参谋本部第二部长宇都宫太郎所提出的第三条道路。"他主张，为阻止与英美交好的袁世凯政权统一南北，应一方面援助图谋复活清朝的宗社党，在满洲炮制独立国家并使其成为从属国，另一方面在南方拥立革命派政权并与之结盟，以对决欧洲的亚洲侵略。"藤村认为，这与以日中民族主义之联合、推翻列强在亚洲之统治的东亚联盟论主张相关。藤村让我们注意到，这一主张出自直面中国民族主义的军部。

因尽皆在此。①

日俄之间先后缔结过四次协定（1907年、1910年、1912年和1916年），都是针对英国在中国的统治权益以及美国对中国的侵略，以保护日俄两国在中国北部（满蒙）权益为目的而缔结的。在为应对辛亥革命而缔结的第三次协定中，日俄相约俄国支持外蒙古独立，并分割内蒙古利益范围。分裂中国的外部威胁强化了内部统一的主张，无论是傀儡般的理想家孙逸仙，还是粪土般的黎元洪，抑或是朽木般的袁世凯都可肩负统一之任。北一辉写道："面对悲痛的爱国呼声，当做何选择？"结果是，政府与参议院都被迁往北京，朽木袁世凯代替了傀儡孙逸仙就任大总统。北一辉认为，这是日本外交的耻辱结果。他讲道："（日本）赶走了日俄战争中唯一的友邦美国并与之为敌，胜者（日本）反倒成为败者（俄国）之马前卒，践踏了其高扬的保全主义战旗而不以为耻。我们要明白，日本外交这一道义上的堕落正中其信赖的主事同盟国（英国）之下怀，并促成了以袁世凯为中心的南北和谈之真相。"是故，北一辉痛骂其母国日本为"愚人岛"，他说："咄，地球之上有座愚人岛，名曰日本。"然而，让日本成为"愚人岛"的却不仅是庙堂政要，日本的浪人们对自身之愚亦不自知。

头山、犬养等所代表的数十上百个日本浪人中，竟无一人如大丈夫一般毅然抗争并改变本国堕落不义的对支外交，只知一味诟骂袁世凯，认为孙、黄不应让步，其无所

---

① 《支那革命外史》第11章"为警戒日本而定北京为中心"。

作为以嘲笑谩骂革命党加之愤然归国而告终。支那为之不快，欧洲人则捧腹哄笑。呜呼！愚人岛表演团在列强环视下出乖露丑，听过其归国后之怨言愤语，愚人岛朝野所承袭的对支轻侮观将愈深。

对于在中国开始出现的南北和解与统一之动向，这些"卖人情式"的革命援助者不知道他们自身也有问题，只会一味地指责革命党的忘恩负义与背信弃义。北一辉将这些"日本浪人"称作"愚人岛表演团"。面对惧怕因内乱和割裂而亡国的中国，1912年日本的回应却只是在反复强化这一恐惧，北一辉因此痛骂其为"愚人岛"。须知，光是这顿痛骂，他在《支那革命外史》中的论述便是有意义的。

三 送宋教仁赴京

"日俄结盟而蒙古独立之蚕食阴谋亦在日本默认下"推进，这一事态给日本的在华利益带来了危机。北一辉说："追随魔鬼的脚步，国运迷失于邪路，友邦悉数翻脸，我们失去朋友。"他认为，与俄国的结盟这一外交失败使日本失去朋友，招致了国际上的孤立。非但如此，对日本人的猜疑让中国人都怀疑其援助行动也有着侵略意图。连北一辉这般同道者之建言，也已不被信任。对于形式上臣服于朽木袁世凯的南北和解，亦即南京政府的崩溃，他是无法认同的。然而，当得知此乃自己的母国日本朝野上下对华妄动所导致的结果时，他在理性上亦不得不承认，这已然是势不可当。

如今，日本的保全主义①之动摇正中英国人圈套，鄙人在理性上承认，南北讲和已势不可当。今天，因日本浪人团的妄动，为拥立傀儡孙中山而崩溃的南京政府已无法重返武昌，鄙人在理性上承认，袁世凯的临时核心地位已势不可当。

即便北一辉在理性上承认而今一统于北京乃不可抗拒之大势，但其依然无法压抑心中的不快。在宋教仁北上之际，他不得不"一吐满腔之不快"。宋教仁对欲阻止其北上的北一辉之"千言万语，反复答曰，余若不果敢行事，将如国家何"，并"痛骂日本对支政策的根本错误，句句严厉"。对于已知悉日本外交之堕落的北一辉而言，宋教仁的痛骂依然是无法忍受的。北一辉骂道："你至今还不能摆脱间岛问题②时的小格局吗？"对此，宋教仁亦予以作答。北一辉不避冗长地记述了宋教仁的答语，并说："诸公，听听他的回答吧！"恐怕这便是《支那革命外史》最想向日本朝野所传递之言，也是辛亥革命真正的旗手宋教仁留给日本的忠告。北一辉说："呜呼！此乃最为大胆、诚实的日支同盟论者的悲愤之声。"我也相信，这是《支

---

① 面对欧美帝国主义，保全中国领土、权益之意，但这也是将日本权益与中国同时保全的日本帝国主义的主张。北一辉写道，"为亚洲安全计，若日本有非与支那共同维护不可的经济利权，则应以至诚一贯的态度，堂堂正正地与支那共同协商"；"祈愿日本的支那保全主义能以国家正义为依据，更为彻底地对抗英国的吞并"。

② "间岛问题"中的间岛指的是中国东北部与朝鲜接壤的豆满江（图们江。——译者注）支流流域，很多朝鲜人移居于此。日韩合并后，清政府方面弹压移居朝鲜人，另外，移居朝鲜人又发起了反日运动，清日之间纷争不断。

那革命外史》所要传递的最重要的信息，兹引全文如下：

> 日本因骄横而昏聩，国策无一得当。日本之错误国策当先视同日本之祸，而不仅是支那之殃。余不能因日本之错而葬送了余热爱的国家。吾人谋革命，辛酸至今十余载，诸友多有殉难，不能分享今日光复之喜悦，此为一悲。而建国自强之大任可以说就在吾辈幸存者之双肩。无论如何言辞粉饰、欺瞒天下，日俄结盟而蒙古独立之蚕食阴谋亦在日本默认下推进。当前危机之下，余丝毫不能相信日本之诚意。国难至此，此非党见相争之秋。足下所云，为何似同喧嚣的浪人之辈。

这是宋教仁的话，亦是北一辉之言。北一辉听到了宋教仁深深的悲愤和坚定的决心。说出此言的翌日夜里，宋教仁来向北一辉辞别。但被"恼羞难辨之激情冲昏头脑"的北一辉后来带着深深的愧念写道，对宋教仁的北京之行，自己"未能尽码头送别之礼"。

四　何谓宋教仁的决心

北一辉等人认为宋教仁的北京之行仅仅是对朽木袁世凯的妥协乃至屈服，在决定此事那天，他听到了宋教仁的深深愤慨和坚定决心。我们已经看到了宋氏对友邦日本的愤怒，但又是什么让宋教仁决意赴京的呢？这其中当然包括了政治战略上的决心，但此乃宋教仁而非孙文的政治战略。孙文从未认同过这一战略，毋宁说曾在事后对其给予过"失败"的评价。宋教仁的战略是，以议会制民主主义包围袁世凯，抑制其行使独裁权力。为此，他建立了国民党，并专注于国会选举。1913年3月，国民党在首次国会选举中获得了压倒性胜利。3月20日，正欲与当选议员一道赴京的宋教仁，在上海站前遭遇暗杀。

中国现代史研究者横山宏章写道："那不仅仅是宋教仁一人之死，而是其构筑的基于选举的议会制民主主义构想本身之死。"① 宋教仁的竞争对手孙文就不相信其道路会取得成功，自那以后，他也绝不信任议会制民主主义的可能性。与北一辉同样，横山也写道："（宋教仁之）死的执行人虽是袁世凯，但可以说，与此同时，助其殒命的是孙中山。"虑及宋教仁遭暗杀让现代中国失去了什么，这位现代史专家自然会认为"革命之父"是难逃干系的。我要讨论宋教仁之决心，或许有过多触及其政治战略决心之嫌，但重读《支那革命外史》，就是要从与北一辉一体化的宋教仁那里，或是从失去宋教仁的角度来重读中国现代史。

在动身赴京前夜，北一辉从宋教仁那里听到的决心，并非前文所讨论的政治战略上的决心，而是决定了这一战略的宋教仁整体人格上的决心，是将中国内部分裂与外国割裂亡国视为国家危机的宋教仁之爱国主义决心。在与"民主梦想家"孙逸仙相对的意义上，很早以前，北一辉就把宋教仁等人视为"国家思想系"的革命家，而他所加盟支持的正是后者，其中也包括顽固的爱国主义者谭人凤。以谭人凤为参照，北一辉将孙文刻画成"与谭人凤顽固的、团匪式的爱国党那带着至纯牺牲精神之灵魂正相反的，国家观念上存在着不可宽恕的缺陷、在决死的牺牲精神上亦存在着惊人欠缺的人

---

① 横山宏章：《中华民国——贤人统治下的善政主义》，中公新书，1997年。

物"。现在，我想把宋教仁等人的革命运动称作爱国主义运动，或者表现了最初的中国民族主义之运动，并去搜求北一辉的话语以为佐证。但北一辉谈论宋教仁等人的话中经常夹杂着对孙文的批判与指责。这恐怕是北一辉围绕现代中国所发出的信息——《支那革命外史》一书所具有的本质特征。在此书中，从政府的外交事务负责人到大陆浪人，日本人在中国相关事务上的错误都被他视为问题而指了出来，其中也包括以孙文来代表中国革命的错误。

> 支那之革命非因民主共和之空论而起，而是旨在救亡图存的国民自卫本能之奋起。他们在武昌、在长沙、在上海南京，不与日本商定援助而起事，不待日本之干涉而进取，都是些特立独行的忧国者。正视眼前的现实吧！

北一辉说，中国的革命并非肇端于孙文式的空论，而是"救亡图存的国民自卫本能之奋起"。他从宋教仁的决心中所听到的，便是这"国民自卫本能之奋起"，他把建立在国民精神奋起基础上的革命运动称作"国家民族主义"，我则为其标上了"ナショナリズム"①的旁注。对于决然赴京的宋教仁，北一辉所赏识的正是这位忧国革命家之决心。

五 亡灵托梦

1913年3月20日，因国民党在国会选举中获胜，宋教仁准备

---

① 即 nationalism。——译者注

动身赴京,却在上海站前遭到袁世凯部下的袭击。22日拂晓,宋教仁留下"死不瞑目"这句遗憾之言气绝身亡,年仅33岁。一天夜里,宋教仁的亡灵站在了北一辉的枕前,讲述了其死亡的秘密。而当北一辉要开启那装着秘密的箱子时,双手却忽然被拨开了:上海的有吉领事命其撤离中国三年。亡灵讲述了怎样的秘密?关于宋教仁被暗杀一事,三年后,北一辉写道:"啊!这人神共愤的大恶行啊!这是亡灵难以化解的怨气,是亡友埋藏在心中三年的大秘密啊!袁非主犯,只是一个从犯。暗杀计划的主谋者是曾与他并肩革命的陈其美,另一位从犯你听了莫要吃惊,那就是在世人心中最为可敬的○○○。"谁都清楚,这里被隐去的名字是孙逸仙。但在北一辉写下这些话时,发给袁世凯的暗杀宋教仁的计划及其实施者都早已清晰明确。尽管如此,北一辉还是以亡灵揭秘的形式,把孙文与袁世凯一同认定为暗杀宋教仁的从犯。

关于将北一辉撤出中国的命令,田中惣五郎认为:"可能是袁世凯担心中国国民党失去实力派人物宋教仁的愤怒会因北一辉的煽动而加倍,因此请求日本政府撤离北一辉的吧。"①但这是一个错误的推断,北一辉不可能煽动起讨袁的二次革命。宋教仁临终前说:"南北统一乃我夙愿,诸友切勿因小故相争而误国。"记下了这段遗言的北一辉认为,讨袁的二次革命就是那位从犯为欺瞒天下人之耳目而举兵发动的。而田中却完全不想去读出《支那革命外史》中反孙文式的文脉所蕴含的深意。交代暗杀宋教仁之凶手的托梦,则被他当作北一辉通灵体质和性格的问题,而对托梦的内容却置若罔闻。亡灵说孙与袁都是暗杀自己的从犯,而当灵魂托梦被视为接受

---

① 前引田中惣五郎:《北一辉——增补版》,三一书房。

托梦的北一辉之体质问题时,《支那革命外史》恐怕就只能被视为异样体质者的革命体验了。

"北袁与南孙是杀害自己的从犯"这一亡灵托梦告诉我们,若以这两极来把握中国及其革命运动,就会错误地理解中国革命的本质,这也是北一辉想通过《支那革命外史》传递的信息。以此南北两极抹杀宋教仁,也就是抹杀了"国民自卫本能之奋起"这一中国革命的国家民族主义本质。

> 他捂着瀑布般喷涌的血潮,抱住于右任君的脖子留下了遗言。曰:南北统一乃我夙愿,诸友切勿因小故相争而误国。宋教仁一人之死,便等同于粉碎了革命党的脑髓。

宋教仁等革命党所追求的革命是什么?北一辉说,"支那在追求排满的民族革命之同时,也希望能将袁世凯所代表的亡国阶级从根本上一扫而清",也就是"旨在建设近代化组织真正有机统一之国的兴汉革命","是革除支那积弱、割裂之祸根,将决定其能否作为一个国家而存在的革命",这无疑就是国家民族主义革命。独立建设近代化国家的变革要求和民族自立的要求是一回事。北一辉将中国革命理解为国家民族主义革命,而辛亥革命则是中国民族主义最初的表现。北一辉向日本大声疾呼,要求其直面中国的民族主义运动。他说,日本有着与中国的国家民族主义革命运动相连带的光荣,原因有二:一则日本在亚洲最早完成了国家民族主义革命——明治维新;二则只有亚洲革命这一思想遗产的正统继承者,才是中国革命正统的完成者。北一辉与中国革命的身体力行者宋教仁曾共同革命过,"共同"一词对于身为日本人的北一辉而言如果言过其实的话，至少他是陪伴在宋教仁身边的。正因如此，他才能看到一些事情，并有话要说，那就是宋的遗言。《支那革命外史》中值得一读的，正是北一辉所传达的宋氏遗言。

第三章
谁在"替支那人为支那考虑"
——读内藤湖南的《支那论》之一

一、此书所谈意见中,关于积极性建言的思考极为欠缺;

二、此书是替支那人为支那考虑之作,因此缺少从外国——譬如我们日本这样会因支那的情势变化感受到诸多利害关系的国家——视角展开的讨论。

——内藤湖南:《支那论》"自叙"

一 内藤湖南论的视角

关于内藤湖南及其《支那论》[①],我在17年前为"岩波讲座"《现代思想》所撰写的一篇题为"近代知识与中国认识——以'支那学'之建立为中心"[②]的论文中已有过一次论述。刊载了此文的《现代思想》第15卷是以"脱离西欧的思想"为主题的。另外,我还曾围绕柳田民俗学,以《一国民俗学之建立》为题,为该讲座的

---

① 内藤湖南于大正3年(1914)出版了《支那论》(文会堂书店),10年后,《新支那论》(博文堂,1924)刊行。其后,内藤乾吉、内藤戊申在其父内藤湖南的两种支那论之基础上附加了一篇《近代支那的文化生活》,于昭和13年(1938)在创元社出版了《支那论》。为便于区分,我将创元社版称作新版《支那论》。

② 刊于岩波书店《现代思想》第15卷《脱离西欧的思想》,1994年。

第 1 卷《作为思想的 20 世纪》写过一文。其后，1996 年，我又以这两篇论文为支撑，出版了一本名为《近代知识考古学——国家、战争和知识人》①的书。

为了阐明我在第一篇内藤湖南论中的视角和立场，在此，我将思绪拉回到 17 年前，将当时的论文及其发表时的情形记录于此。我的论文《近代知识与中国认识——以"支那学"之建立为中心》就像其副标题所呈现的那样，是以"支那学"②这一日本近代知识的建立为中心展开论述的。我试图阐明的是，作为日本近代学问的"支那学"是伴随着何种与中国相关的见解抑或论说而在近代日本建立起来的。没错，我要追问的就是"作为近代知识的中国认识"。在这里，我所谈的是作为日本近代知识的"支那学"，要追问的是日本近代知识的由来。如果仅把"支那学"理解为传统汉学的近代式新名，那就错了。我认为近代日本的"支那学"所对应的是近代欧洲建立的汉学（Sinology），但这并不是说，日本的"支那学"就是欧洲汉学的舶来版。

明治 40 年（1907）内藤湖南被京都帝国大学聘为新设的史学科教授。他反复强调，京都帝大创设的"支那学"必须是"朴学"。所谓"朴学"，是以清朝考证学为典范的实证之学，同时也

---

① 子安宣邦：《近代知识考古学——国家、战争和知识分子》，岩波书店，1996 年。此书其后经过重编，以《日本近代思想批判—— 一国知识之形成》（岩波现代文库，2003 年）为名再版。

② 在本书中，"支那学"这种说法和书写方式与"シナ学""中国学"一样，均不做修改，原封不动地照搬使用。"支那学"这一称呼或者表记方式表达了近代日本对中国的歧视性看法，为了毫不遮掩地明确表现这一点，我特意照搬了这种表记方式。

是禁止与学问之外的世界发生世俗关系的坚实之学。[①] 内藤湖南的"朴学"主张,蕴含着对当时的政府与教育行政权力沆瀣一气的东京帝大"支那学"之批判。但内藤湖南等人领导下的京都帝大"支那学",却在"朴学"的基础上建立起了作为近代学问的"支那学"——汉学。

所谓汉学,指的是在近代欧洲以文献学方法意识建立起来的中国学。汉学虽说是以中国为认识对象的学问,但这里的中国并非指19世纪的中国,而是传统的或曰古典的中国。汉学绝非以建立包括当代中国及其社会在内的整体中国认识为目标之学问,它应该说是古典汉学,或者,毋宁说"传统中国"与"古典中国"是汉学所创造的世界。所谓"古典中国",就是由汉学这门文献学及其相关知识建构起来的。这一判断不仅适用于汉学,放在欧洲东方学整体上亦可作如是观,欧洲东方学创造了东方这一古典的世界。而对欧洲东方学的批评,正是萨义德的《东方学》在认识论上给予我们的至高馈赠。就是这样,将"传统中国"作为学问对象予以发现的汉学,是在把现实中国纳入自己的经济、政治、军事影响延伸范围之内加以理解的19世纪欧洲学院派中建立起来的。20世纪初期的日本经历了日俄战争,最终合并了韩国以确保连接大陆的通道。而带有明确近代学术意识的"支那学"正是在当时日本的京都帝国大学建立起来的。

我一边回想着17年前所写的内藤湖南论,一边记述了近代

[①] 关于内藤湖南所论之"朴学",请参考 Joshua A.Fogel(即约克大学历史系教授傅佛果。——译者注)的《内藤湖南:政治与汉学》(井上裕正译,平凡社,1989年)第4章"就任京都帝国大学与清朝史研究"。

日本"支那学"建立的历程。这并非我在回忆之时信笔不知行几远，只是我想在此再次明确：他所为之学被视为"支那学"，他所言之辞被视为"支那学者"之言，而我的内藤湖南论也是建立在这一前提的基础上的。①将内藤湖南的"支那学"视作汉学，也就是把它作为20世纪初期帝国日本建立起的近代"支那学"来看待的。称内藤湖南为汉学家（Sinologist），是由于他为近代日本"支那学"奠定了基础、确立了方向，也是将"支那学"语言作为近代日本学术语言使用的第一人和坚定拥趸。所谓"支那学"语言，是指在有关"古典中国·传统中国"的历史学和文献学的知识基础上叙述中国的语言。《支那论》便是由日本最早的"支那学家"（Sinologist）内藤湖南所创作的、并用"支那学"语言表述出来的现代中国论。

二 1914年这一时期

大正3年（1914）3月内藤湖南出版了《支那论》，翌月即刊

---

① 我将内藤湖南之学称作"支那学"时，想必会有人质疑这种理解方式与上引傅佛果《内藤湖南：政治与汉学》的理解方式之间的关联。在此只想事先申明，我与傅佛果的理解方式截然不同。傅氏强调的是欧洲汉学与内藤湖南"支那学"的异质性，换言之，也就是后者的独特性。因此，译本中将"支那学"直接翻译成英文的Sinology，只是为翻译上的便利，并非是因为内藤湖南"支那学"与欧洲汉学具有同质性之故。在我看来，这是误译。质言之，傅佛果对自己同行的学问——汉学——缺乏批判性视角。因此，他未能看到内藤湖南"支那学"是在近代日本帝国形成的汉学。也可以说，包括译者在内的很多日本的中国研究者，对中国学（汉学、"支那学"）这类学问之存在状态缺乏自我批判的视角。

行了第二版。京都帝大的"支那学"硕学内藤湖南的《支那论》引起了世人的瞩目。但这并不是内藤湖南直接执笔撰写的著作,他称之为"演述",就是将内藤湖南的演讲记录下来形成的作品。演讲是在大正2年(1913)11月至12月之间进行的。那时,中国情势瞬息万变,令人眼花缭乱。

大正2年(1913)7月,以打倒袁世凯为旗号的第二次革命爆发,又以失败告终,袁世凯独裁进程进一步加速。10月,他当选为大总统,日本政府旋即承认了中华民国政府。翌月,袁世凯下令解散国民党,并取消国民党议员的资格。1911年10月10日,武昌起义成功,点燃了辛亥革命的导火索,而两年以后,革命的果实被袁世凯的独裁权力之手窃取,中国似乎要再次退回到帝制国家的旧态中。看过那一时期日本方面的年表就会知道,大正2年(1913)10月,日本获得了满蒙五条铁路的铺设权。翌年8月,日本向德国宣战,成为第一次世界大战的参战国。11月,日本占领青岛。大战中的大正4年(1915)1月,日本向袁世凯总统提出了对华"二十一条"要求,要求扩大日本在华权益。对此,中国国内爆发了反日和排日运动,日本政府发出最后通牒,逼迫中方接受要求。5月9日,袁世凯接受了日方要求,5月25日,双方签订了以"二十一条"为基础的日华条约和换文。然而,中国人民对此却不予承认,并将5月9日确定为国耻纪念日。

内藤湖南的《支那论》演说正是发生在这一时期。按照年表的记述观察这一时期的政治史发展可以更为清晰地看出,中国现代史无非就是一部日本对华干涉史。当然,从世界史的意义上来讲,中国近现代史或许是以英国为首的帝国主义列强之干涉史。但看了20世纪前期的中国现代史后,毫无疑问,这就是最终演变为日中战争的帝国日本对华干涉史。在内藤湖南演说《支那论》之时，这一切已经清清楚楚了。我现在认为一部中国现代史也是一部日本干涉史，正是思考了"支那学家"内藤湖南的《支那论》之存在方式的结果。此书从数千年中国历史及其演变脉络的内部出发，抑或仅以其历史识见，论尽了辛亥革命及之后现代中国的变迁与趋势。这不就是日本帝国大学的"支那学家"内藤湖南对现代中国在认识论上的干涉或曰介入吗？

> 对我等这般专攻历史者而言，在数千年的记录所呈现的变迁之中最为紧要的一段，便是作为眼下这出戏的一个角色登场演出，没什么比这更让人感兴趣的了。往昔名伶的风采，多少也算有所见闻，面对这个舞台，虽谈不上是票友，或许也不至于遗人以矮人看场之讥。①

面对眼前展开的历史场面，通晓中国数千年历史的内藤湖南作为票友在认识论层面亲自介入其中了。

三 何谓"替支那人考虑"

在《支那论》"自叙"中，在要对当时的中国公开表达个人见解时，内藤湖南预先交代了两点：

一、此书所谈意见中，关于积极性建言的思考极为

---

① 内藤湖南：《支那论》"绪言"。

欠缺；

　　二、此书是替支那人为支那考虑之作，因此缺少从外国——譬如我们日本这样会因支那的情势变化感受到诸多利害关系的国家——视角展开的讨论。①

　　内藤湖南说，须预先向读者交代的第一件事，便是此书并非要对中国的现状做某些积极建言；另一个交代便是，此书要"替支那人为支那考虑"，而并非从如日本这般与中国存在利害关系的外国视角来立论。自17年前写作内藤湖南论以来，我一直纠结于内藤湖南所谓"替支那人为支那考虑"一言。从文脉上来理解似乎是说，自己在《支那论》中的思考，并非站在与中国有着利害关系的日本这样的外国立场上来讨论的，而是为了中国、变成中国人替他们考虑。即便内藤湖南的话可以按其文脉如此理解，但"替支那人为支那考虑"这种说法，以及贯彻了这一说法的著作《支那论》究竟该如何理解呢？

　　这就是说，作为历史学家的内藤湖南，要变成中国人为中国考虑——从过去到未来。然而，他能做得到吗？他说要变成中国人去思考，但对中国人来说，日本的帝国大学教授要变成中国人为中国考虑，这句话能相信吗？或许会有人认为"他背后一定藏着什么不可告人的勾当"，可能也会有人觉得他"狗拿耗子多管闲事"吧。而争相阅读内藤湖南这本宣称要变身中国人并代其考虑的《支那论》者大体上也都是日本人吧？此书原本就是内藤湖南本人面向日本人的演讲，那么，他所谓"为支那"考虑，究竟是如何考虑的？

---

① 内藤湖南:《支那论》"自叙"，引文着重号为子安所加。

是站在中国人的立场上考虑事情之意吗？站在他者的立场上去考虑并非易事。

在《论语》中，曾子说，孔子之道一以贯之的是"忠恕"（《里仁篇》）。关于"忠恕"，伊藤仁斋是这样解释的："尽己之谓忠，忖人之谓恕。自竭尽己之心，则于人无物我（人与我）无隔。能忖度人心，则痒痾疾痛（病患的苦痛），举切于我身矣。"（《论语古义》）所谓"恕"，乃推知他人之心抑或他人之立场，站在其立场上去思考。仁斋认为，只有始终体察人心，方可视他人的病苦如切肤之痛，这便是"恕"的心理机制。有必要注意的是，仁斋是反复以"忖度人心"一词来注解"恕"的。然而，仅仅口头上说站在他人的立场上，并不能理解他人的苦痛，他人的苦痛也并不能立即转换为个人的苦痛。他人与自我之间存在着距离是理所当然的事，也正因如此，才须阐明"恕"之教诲。

内藤湖南虽说要"为支那"，但这完全不意味着他要遵从"恕"之教诲去沉思中国人民的痛苦。那么，是什么让他说出了"替支那人为支那考虑"这句话的呢？——是他"支那学家"的身份，舍此无他。

"替支那人为支那考虑"就是说，内藤湖南拥有高于中国人的眼界，能纵览中国数千年历史、洞悉贯流于其历史深处的暗流涌动，并分析和判断作为其中一个阶段的当下中国。这个视角曾是唯有圣人才具备的睿智，时至近代，则是哲学家所具备的睿智。黑格尔的《历史哲学讲义》纵观人类历史，描述了非历史的"停滞的东方"。内藤湖南也具有那种纵观中国数千年历史、洞察其历史必然性的睿智，我将其称作近代"支那学家"的睿智。

四　汉学家内藤湖南

我称内藤湖南为汉学家,并非"支那学家"内藤湖南的现代改称。我从他的"支那学"中看到了与欧洲汉学同质性的见解。当然,内藤湖南的"支那学"并非欧洲汉学的舶来版本。内藤湖南原本就是有着充分汉学教养的在野新闻家。他是为了在京都帝大文学部创设摆脱老一套汉学的新"支那学",而与狩野直喜一同受聘教职的。前文说过,他想建立起以清朝考证学为典范的、作为"朴学"的"支那学"。在此我再追加一点,对近世大阪怀德堂的富永仲基、山片蟠桃等人具有革新性的学问及其智慧予以重新认识的也是内藤湖南。①特别是内藤湖南将富永仲基具有思想史意义的言论批判方法作为一种文献批判的方法积极地导入"支那学"中,从这里就能看出内藤湖南试图从方法论意义上革新"支那学"的热情。京都大学"支那学"作为实证之学建立了起来,它具备文献批判方法论和扎实的资料文献基础。带着这一新型方法意识的"支那学",对其认识对象在认识论上就有着强烈的控制欲和权力感。

1970年代初期,我有机会接触到了德国的东方学和日本学。记得看到那些在波鸿大学东亚研究所的图书室中,终日翻着《宽政重修诸家谱》的德国研究者,我觉得很不可思议。看到有学生埋头于安藤昌益的《自然真营道》之德译,我亦感到惊讶。最初我认为他们都在做些荒唐而又无意义的工作。尤其是安藤昌益的作品,连作为日本近世思想专家的我读后都不明所以,他们试图将其译为德

---

① 我在前文提到的《近代知识与中国认识——以"支那学"之建立为中心》一文中论及过内藤湖南对富永仲基和山片蟠桃的发现。

语的鲁莽举动让我感到愕然。但最后我注意到，在他们堪称鲁莽举动的背后，其实隐藏着一种在认识论意义上控制其对象的冲动和欲望。不仅是欲望，他们还有种在认识论层面上掌控对象的自负。东方学，是对东方世界（Orient）在认识论上有着控制欲的知识体系。竹内好说，在侵略东方的近代西方内部，存在着一种非合理性的冲动，即"能将所有一切最终予以对象化提炼的、彻底的合理主义信念"。① 这就像在德国的日本研究者内部存在着的、在认识论上操控其认识对象的冲动。之所以将内藤湖南称为汉学家，是因为我在他那里看到了与欧洲汉学家同样的在认识论上对对象的控制欲，以及能将其落实的知识自负。京都帝大"支那学"的创立者内藤湖南是日本第一位汉学家，而"替支那人为支那考虑"这句话，或许也只有汉学家内藤湖南才能说得出来吧。

五 "支那学家"内藤湖南的神谕

在《支那论》的"绪言"中，内藤湖南谈到了中国数千年历史的深层或曰底部的"潜流"：

> 像支那这样自几千年前起，其国土和人民所具有的宏大的自然发动力已超越了尔来有名统治者的国度，如今，谁人能在超越政策制定的层面上应对其自然衰败的惰性？如此看来，统治今天的支那最善之策，便是看清其国情的

---

① 竹内好：《中国的近代与日本的近代》，收入《日本与亚洲》（《竹内好评论集》第3卷），筑摩书房，1966年。

惰性、其国土和人民的自然发动力是如何衰败的，它们在向着哪个方向发展，非据此订立方针，恐别无他途。即便在眼下风云变幻莫测之际，在表面顺逆混杂剧烈的流水深处，这一惰性、自然发动力的潜移默转必定在向着一定的方向缓缓地、沉重地、强力地奔流着。看透这一潜流，乃解决眼下支那诸问题之关键。

这是硕学内藤湖南一段堪称神谕的话。所谓神谕，是由神与人的媒介者所传达的"神意"。我之所以将他的这段话称为"神谕"，是因为它是从中国数千年历史的深层把握"神意"的内藤湖南预测和传达历史发展方向的话。所谓"神意"，即是在中国数千年历史的深部或曰底部沉重流淌着的"潜流"。能透视它的，无疑便是"支那学家"内藤湖南。他通过国土和人民的身体性，又将这一历史的"潜流"称为"惰性"和"自然发动力"。这一"潜流"或曰"惰性""自然发动力"，"必定在向着一定的方向缓缓地、沉重地、强力地奔流着"。能看透此方向者，便是把握住了解决现下中国问题之"关键"的人。因此，内藤湖南的《支那论》便是把握住了问题"关键"的硕学所宣示的神谕。那么，关于中国的未来，深刻认识了"潜流"或曰"惰性"的人所宣示的神谕预测了什么，又没有预测什么呢？

第四章
内藤湖南预测了什么，未预测什么
——读内藤湖南《支那论》之二

> 如果今日支那的腐败已经彻底到在政治上亦须组织乡团自卫，那么，派出曾国藩这般天才，即便不效仿外国的政治，支那人或许也会创造出本国所需要的、最适合本国的新型政治。
>
> ——内藤湖南：《新支那论》

一 新版《支那论》的漏字

在《支那论》刊行10年后的大正13年（1924），内藤湖南出版了《新支那论》。此书也是根据他的演说编辑成书的，由"大每"（《大阪每日新闻》）记者岩井武俊速记并连载于"大每"的。写过内藤湖南评传的三田村泰助在解说《新支那论》时称："当时中国排日运动正炽，日支关系中包藏着与日清战争[①]前后情况相似的危机，在书中内藤湖南对此感到忧心，并讨论了东亚的未来。因此，《支那论》始终在专论中国社会，而此书则同时考察了与中国关系密切的英美两国与日本的关系。"[②] 这本《新支那论》后经内藤湖南之子乾吉、戊申之手，以与《支那论》合刊的形式重新编辑，作

[①] 即中日甲午战争。——译者注
[②] 三田村泰助：《内藤湖南》，中公新书，1972年。

为新的《支那论》于昭和13年（1938）由创元社出版。其中新收录了一篇题为"近代支那的文化生活"①的演讲记录，附录此文进一步强化了《新支那论》的文化史色彩。在中国大陆战火不断蔓延时期出版的新版《支那论》俘获了众多读者，我手头的新版《支那论》发行于昭和16年（1941），已是第18版了。不过，读新版《支那论》时，我发现其中有十几个漏字，不知是因审查之故，还是出版社自主管制的原因删除的。

> 大体上，在人类所创造的工作中，政治、军事之类的工作，□□□□□□□□□，当今日本在政治、军事上处于极盛状态，是因为其国民年龄尚处于幼稚时代。像支那这样，有着悠久的民族生活和历史的国家，当然就逐渐对政治、军事等丧失了兴趣，而越发倾向于艺术。②

漏字之处完全是空白的，这恐怕是在即将印刷时紧急删除之故。而复原被删除之处并不那么困难，根据前后文推定，应是"最为低级、幼稚者"这十一个字③。新版《支那论》出版于昭和13年（1938），这一时期是已攻陷南京的日本在中国大陆之战争的战略拐点。以此为拐点，受创的日本在大陆的战争陷入困境，而不得不在太平洋战争中寻求终极了断之机。昭和13年（1938），在深信已

---

① 这是昭和3年（1928）7月在东亚同文会演讲会上发表的讲演。
② 内藤湖南：《支那国民性及其经济变化》，收入《支那论》（创元社版）。漏字引自大正13年（1924）初版本。
③ 原文为"最も低级で幼稚なもので"。——译者注

第四章　内藤湖南预测了什么，未预测什么

"在政治、军事上处于极盛状态"的日本，内藤湖南却说出其"政治、军事"在人类创造的工作中乃"最为低级、幼稚者"这种话，在付诸印刷时想必会有人忌惮的吧。

昭和9年（1934），内藤湖南本人已因胃溃疡恶化而辞世。他可曾预想过，自己的文字会不得不以带着漏字的状态印制出来？他恐怕不想做这样的预测吧？而他不想去预测的又是什么呢？是日本成了军部主导的法西斯国家，在中国大陆，军部主导着一场陷入困境的战争？是自己诽谤军部的文章竟致被删改？当然，这只是我的推断。然而，包括这一推断在内，重要的是，要去思考在演讲《新支那论》的大正13年（1924）这一时期，关于中日两国的未来，内藤湖南预测了什么，没有预测什么。他的中国论值得论述的问题恐怕就在于此。[①]

我想顺带再说一句：虽说有此删改，但内藤湖南的这本书却并非"危险"之书。非但如此，毋宁说内藤湖南的新版《支那论》是作为"支那学"硕学所撰著的时局论而畅销于世的。尽管他说"政治、军事"是人类低级而幼稚的工作，但他并未否定帝国日本对满洲（中国东北，下同。——编者）的"经营"，作为"为了支那"之人，他也承认了日本有权带着优越感介入中国事务。以下试引一段文字：

[①] 我对内藤湖南《支那论》的批判性阅读，是对《内藤湖南的世界——亚洲再生的思想》（内藤湖南研究会编，河合文化教育研究所，2001年）一书过高评价内藤湖南之反驳。与谷川道雄共同主持该研究会的山田伸吾在评价内藤湖南之"预测"的当代意义时称："可以认为，内藤湖南在《支那论》中对中国潜移默转的发展方向之预测，对即将迎来'人民中国'建立五十周年的我们而言，依然是没有解决的问题。也就是说，内藤湖南的'预测'作为'预测'依然有效。"（《湖南与辛亥革命》，收入《内藤湖南的世界》）

> 稍稍试想过去、未来二三十年之事，在国际和平的意义上，极有必要以某一点为界，把支那土地作为日本的市场果断让渡出来。如果对压迫日本太感兴趣，并一直维持这一政策，那么在朝鲜和满洲必须玩儿命的日本人，在支那也会十分玩儿命地与他国争夺。①

这是一段堪称"帝国主义者之威胁"的文字。内藤湖南的《支那论》中也有这类文章，但他绝非"危险"的思想家。帝国日本的"支那学家"内藤湖南说出了这种堪称"帝国主义者之威胁"的话。虽说是"威胁"，可结果是几年后，帝国日本对中国市场的要求演变为"玩儿命地与他国争夺"的现实，也是他所不想预测的吧？如果他料到此事，还对可能导致这一可怕状况的日本军部声称对华军事介入是人类最低级的工作，那么，内藤湖南就无疑是"危险"的思想家了。但他绝不"危险"。那么，对于不同于日本且文化上已成熟到对"政治、军事"感到幼稚的中国，内藤湖南是如何"替支那人为支那"预测其政治前景的呢？

二 唯有共和制

中华民国被袁世凯强化了独裁的色彩，对此现状，内藤湖南认为，在数百年来独裁政治弊害不断上演的中国，"虽偶有一时间回到独裁政治之时，但最终都无法长久"②。关于是否承认辛亥革命后

---

① 内藤湖南：《支那之革新与日本》，原载《新支那论》（1924年）。
② 内藤湖南：《君主制抑或共和制》，收入《支那论》（文会堂书店，1914年）。

的共和制中国——中华民国的问题,帝政国家日本摇摆不定。此时,内藤湖南明言,中国历史的发展趋势唯有走向共和制一途。这也被认为是在大正3年(1914)第一版的《支那论》中,"支那学家"内藤湖南展望"历史大势"而得出的宝贵判断,而今对他的《支那论》的好评也在于此。① 内藤湖南预见中国将走向共和制,但这并不是视平民时代的到来为历史必然趋势的、有希望的未来。他在题为"君主制抑或共和制"(收入《支那论》)的评论中表达了唯有共和政治适合中国的看法。兹试引文章最末一段,以观其意。我们应该好好读读这段冷酷地抛弃中国及其国民的文字:

> 况且像支那这样的国家,既然在军事上暂时没有显示国威的希望,而其人民虽说甚有以国为傲之念,却又是极其爱好和平的国民,没有发展国力的野心。既然他们是自古以来就偏于将耀武扬威作为一种政治规诫而有所忌讳的国民,那么就不会像法兰西那样渴慕独裁政治。而且无论是从袁世凯还是其他现有人物身上,都看不到出现一个军事天才而大振国威、改变积弱国势的希望。因此,我想,大致上可以预判,支那最终将走向共和政治。

---

① 在这一点上,傅佛果给予内藤湖南的评价是最高的,他说:"他预见中国未来将会是共和政治,这意味着他不承认人民政治参与的专制政治作为时代错误予以排除,始终主张承认人民政治参与的共和政治。于是,为了同时代的中国,他从中国历史中追溯和探究共和政治的基础。"参见傅佛果:《内藤湖南:政治与汉学》第5章"'支那论'的时代划分和共和政治的本质",平凡社,1989年。

内藤湖南的话就像高瞻远瞩的观察者对于混乱的事态冷静地给出诊断一般。对此，我们当如何解读呢？他的《支那论》之所以难读，就是因为这部根据中国四千年历史预见未来的《支那论》，全书都是由对中国的现状毫无同情之心的、冰冷的诊断性语言构成的。他以带着冷酷和虚无感的语言预见了中国共和制政治的前景。他表示，对中国而言，唯有共和制一途。此可谓内藤湖南之现实主义乎？总之，内藤湖南的《支那论》总是用我无法赞同的冷酷语言，说中国未来将走向共和制。

三　"近世"抑或中国式"近代"

内藤湖南认为中国的未来唯有共和制一途，他认为中国历史之大势是走向"平民发展时代"，这与其在中国历史时代划分中提出的"近世"这一独创性概念有关。"中世贵族灭亡的结果是，一方面君主权力增强，另一方面人民的力量也得到承认"[①]，而内藤湖南之所谓"近世"，指的便是带来了这般变化的、宋以降的时代。因此，君主独裁权力进一步强化、终至自我崩溃的清朝末期，就是"近世"式时代矛盾最为尖锐的时期。

不过，在新版《支那论》所收录的《近代支那的文化生活》一文中，内藤湖南将重心置于界定"近世"的另一个契机——与"君主权增大"相对的"平民发展"，与此同时，将"近世"修订为"近代"。文中，内藤湖南围绕"我们必须了解支那究竟从怎样的时代走到了近代，其近代有着怎样的意涵"这一问题，做了自问自

---

① 内藤湖南：《君主制抑或共和制》。

答。他说:"在其近代的内容中,有一个平民发展的时代。如果放到欧洲那一带,这样思考历史是很平常的,但支那的近代究竟是如何演进到平民发展的时代,却是个不易明晓的问题。"①

内藤湖南将"平民发展时代"作为界定"近代"特色之标志,谈到中国的"平民发展时代"——"近代"中令人费解的特质,即"君主专制时代即为平民发展时代"。那么,内藤湖南何以认为"君主专制时代"便是"平民发展时代"呢?他说:

> 因此,贵族时代(从六朝到唐代前后是贵族的全盛时期——子安注)崩溃,于是,君主和平民都从贵族那里获得了解放。平民解放的时代正巧就是君主解放的时代,君主开始专有政权,而受其统治的就是平民。由于身处二者之间的贵族阶级已被清除,因此,君主专制时代即为平民发展时代。

在此,内藤湖南硬是将"君主专制时代即为平民发展时代"这一中国史意义上的"近世"称为"近代"。或许可以说,这是将中国史意义上的"近世"作为世界史意义上的"近代"进行的重新阐释。以中国史意义上"近世"的"平民发展"为标准,将其判定为"近代"是否说得通暂且不论,这里其实包含着肯定中国有其独特"近代"的指向性。这篇《近代支那的文化生活》是昭和3年(1928)内藤湖南在东亚同文会发表的演讲,对"近代"的重新界定或许是面向昭和近代听众有意识的喊话;也可能是超越欧式"近

---

① 内藤湖南:《近代支那的文化生活》,载《支那论》,1938年。

代"的时代思潮让内藤湖南在此文中重新阐释了中国式"近代"。原因姑且不谈，总之，内藤湖南在中国史意义上的"近世"论主张被重新阐释为中国独特的"近代"论。

内藤湖南提出的中国独特的"近代"论主张，让我随即想到，在此学说提出 70 年后的 20 世纪末，面对推进现代化的中国，沟口雄三提出的中国独特的"近代化"论①。沟口之论，自然是我"阅读中国论"工作最后一个阶段的课题。如果我说，沟口所谓中国独特的"近代化"主张在"支那学家"内藤湖南那里已有先例，或许厌烦"支那学"的沟口在冥界会怒火大作。然而，尽管这两位深深迷恋中国的中国学家之思想和学术立场迥异，但他们所主张的与"世界史"相对的"中国史"之独特性，作为中国独特的"近代"论乃至"近代化"论都是值得注意的。这里潜含着近代日本的"中国论"中所具有的"世界史"意味。

四　中国式的国家与社会

内藤湖南所说的中国史意义上的"近世"，抑或有着中国独特"近代"特性的时代，指的是唐－宋变革时期直至清末、民国初期这六百多年。在这个时代的底部或曰时代趋向上，内藤湖南发现了"平民的发展"，并硬要名之曰"近代"。而这个时代是君主专制国家体制虽经历了包括异民族王朝在内的王朝兴替却依然存续了下来的时代，是被称作"中国式"的国家社会特质形成的时代。

---

① 沟口的中国独特近代化论，是在《作为方法的中国》(东京大学出版会，1989 年) 中作为历史认识问题提出的。

在君主权力增强的对立面，内藤湖南看到了人民力量的发展，他认为地方的"乡团组织"是人民力量的社会实现形态。正是由于言及"乡团组织"，内藤湖南的"支那论"才变成了"支那社会论"，中国的国家社会变革之可能与方法才进入了论述范围。所谓的"乡团组织"历经元、明、清三代，是与中央权力相对的、作为地方防卫性自治组织而稳固存在的社会组织。内藤湖南说，乡团源自宗法和家族制度，在中国，以父老为中心的家族式社会组织，讲求的是"家族之间相互救助，以及以家庙为中心的义田义庄，家族所模仿的是严肃的小型国家"。①

内藤湖南刚开始讨论中国时局时，曾将透视"表面顺逆混杂剧烈的流水深处"之"潜流"，亦即中国的"国土人民之自然发动力"视为急务。②在我看来，"乡团组织"才是他所谓的历史"潜流"，即"国土人民之自然发动力"的社会性实体。如果说，中国的"近世"确实将君主专制国家的权力形态塑造为中国式的国家；那么，作为与专制君主权力对抗的权力，平民一方的乡团自卫组织则形成了中国式社会。或许可以换一种说法，与专制君主中央权力构建的国家相对，地方上存在着平民自卫、自治组织——乡团，内藤湖南所谓"君主专制时代即平民发展时代"的中国式"近世（近代）"，指的就是这种中国式的国家·社会始终存在的时代。他认为，即便是在辛亥革命后迈向共和制的中国，"乡团组织"在中国式国家·社会发展趋势上也具有重大意义，因为"乡团组织"与中央国家层面剧烈的政治变动完全无缘，而是作为"自治组织"保持

---

① 内藤湖南：《支那的政治及社会组织》，载《支那论》，1938年。
② 内藤湖南：《支那论》（1914年），"绪言"。

着自身的存在。

> 支那民政的真正机能,至今依然应该体现在乡团组织上,政客几乎不可能创造出更具统合性的机构。最终,支那只要无惧政客们物议纷然,无论是共同管理还是其他任何统治方式,只要不破坏乡团组织,就不会破坏支那整体的安全。①

他说,在统治中国的问题上,就算是外国共同管理,只要不去染指、破坏乡团组织,就能确保中国整体的安全。可以说,《支那论》所有的问题,或者说内藤湖南在《支那论》中所提到的"为了支那"的所有问题,皆在于此。在此,我无法论及所有问题,只想谈一下内藤湖南关注过度的"乡团组织"问题。

五 内藤湖南的"乡团组织"

内藤湖南之所以重视"乡团组织",是因为在他看来,如果中国还有可能实现内发性、自立性的革新,那么其推动力只能来源于"乡团组织"。他举出了以"乡团组织"为背景而获得成功的唯一一次政治行动案例,即曾国藩平定"长发贼"②的事例:

---

① 内藤湖南在这里所说的"政客",指的是占据中国地方各省政治机构的职业政治家。
② 清军入关建立清王朝后,就颁布了"剃发令",要求男性剃发蓄辫。太平天国以蓄发挑战清廷,故清廷蔑称其为"长发贼""长毛贼""毛贼""发贼"和"发逆"等。——译者注

在此番平乱中，曾国藩所彰显出的是，即便是在支那这种军备颓废的国家，以乡团组织为基础就能组建真正有实力的军队；即便是支那这样官气四溢的国家，能建立起乡团或组织起家族、师生关系者，便可在政治活动中表现出创造性。①

内藤湖南以曾国藩为例指出，中国的自发性革新，只有以"乡团组织"为基础、组织起军事力量与政治力量之时，才有望实现。但在1920年，当时的中国存在这种可能性吗？内藤湖南说："假设今天支那的骚乱已经到了其人民不得不组织乡团以自卫的地步，此时若能出现一位曾国藩这般的天才人物，无论是自己整编军队，还是以外国的方式训练军队，都能真心用事，那么统一支那绝非难事。"然而，他又说，此事之所以做不到，是由于外国会立即干涉、镇压国内骚乱，不会使其演变为全面骚乱。"骚乱不会演变到如此境地，因此也就无法刺激出乡团自卫的必要性。"且看内藤湖南的这句话，它以反语的形式表达了对"乡团组织"推动的自立性革新之可能性的否定态度。他还说："如果今日支那的腐败已经沦落到在政治上亦须组织乡团自卫，那么，派出曾国藩这般天才，即便不效仿外国的政治，支那人或许也会创造出最适合本国的新型政治。"

内藤湖南认为，中国通过乡团自卫而实现的自立革新，须经由亡国式的彻底腐败或全面骚乱方可实现。在这里，内藤湖南对中国未来的预见是虚无的，他认为中国自立性革新的可能性只存乎于乡

---

① 内藤湖南：《自发性革新的可能性》，载《支那论》，1938年。

团性的自卫组织。但对中国以"乡团组织"为基础的未来,内藤湖南仅以虚无之语论之。他表示,只要不出现让中国天翻地覆、让乡团性社会组织无法存续的骚乱,中国就不可能革新。中国的社会组织就是与国家如此无缘的自足性存在。内藤湖南说:

> 支那的政治与社会组织就是这般长期互无关系,因此,时至今日,支那人也不可能从根底上发动什么真正的民众运动,抑或激发国民公愤之事。如果今天还有人以这种方式进行活动,那就可以判断这反正只是虚张声势,无妨的。

内藤湖南对"乡团组织"的过度关注,妨碍了他从正面观察五四运动以来全国范围兴起的抗日舆论宣传和民众运动,他说那"反正只是虚张声势"。他对中国平民之未来与自立性革新的预见是虚无的,他绝不会从正面观察当时正在发生的抗日民族运动。而他对中国未来的虚无性预见估计会落脚在这段话上①:

> 必须认识到,当此之际,日本的经济运动对延续支那民族未来之生命,确有巨大的作用。若阻止了这一运动,支那民族恐怕是在自求衰死。从这一重大使命来看,日本对支那的什么侵略主义、军国主义之论,完全都不是问

---

① 与内藤湖南关于中国未来的虚无性预言相关的是以下这段论述民族年龄的话:"如果说民族就像个人一样,会从幼小经历强健走向衰颓,那么平民时代大体上接近于民族生活的衰颓期。"(《近代支那的文化生活》)

题。①

但内藤湖南对中国未来的虚无性预见,却悖论性地描绘了中国复生的未来。那就是,日本发动的对华全面战争激活了中国的民族觉醒。

---

① 内藤湖南:《支那的革新与日本》。

第五章
如何阅读橘朴
——读橘朴《支那社会研究》之一

> 如何解决支那永久饥馑状态的问题,是在范围上与支那革命将如何完成之问题相当的大问题。
>
> ——橘朴:《支那社会研究》

一 引起我注意的两个人

从 1960 年的安保斗争、1968 年的大学斗争直至 1970 年代的这一时期,《朝日杂志》都是与市民、学生运动同行的周刊杂志。① 与运动之罢战息兵同步,《朝日杂志》也陷入了颓势,而在改变了编辑方针、更新了版面后,总算保住了一线生机,但撑到 1992 年还是以偃旗息鼓而告终。自 1962 年 3 月至 1963 年 6 月,《朝日杂志》上做过一个连载,题为"日本的思想家",② 其对象涉及自江户

---

① 《朝日杂志》创刊于 1959 年 3 月 15 日,停刊于 1992 年 5 月 29 日,其全盛时期出现在 1968 年下半年,每期平均发行 25 万册。

② 准确地说,《朝日杂志》的"日本的思想家"系列连载始于 1962 年 3 月 11 日,终于 1963 年 6 月 30 日。这一系列连载其后被重编为《日本的思想家》上、中、下三册(朝日选书,1975 年)出版。但据说再编版出版时,有不少稿子都进行了改写。《朝日杂志》当时的主编和田齐在此书后记中交代该连载之旨趣时称:"1962 年《对日和平条约》生效已满十年,我们要(转下页)

末年开国时期的高野长英、佐久间象山、横井小楠到昭和时期的斋藤茂吉、津田左右吉、折口信夫等67位装点了日本近现代史的思想家。战后日本推动了第二次近代化进程，而1960年的安保斗争则是考验其作为民主主义国家能否自立自存的斗争。安保斗争及其失败，让我们再次转而反思日本近代初期的相关问题。也是在这一时期，我的思想史研究兴趣转向了"草莽的国学"，《朝日杂志》连载的"日本的思想家"则回应了我们的兴趣和需求。

我是每期连载文章的热心读者。在连载中被概括为"思想家"的学者、文学家、宗教家、记者等各个领域的67个人当中，我关注并记住了几个名字。其中，橘朴和晓乌敏这两位自那以后都让我念念不忘。为何是这二位呢？或许是因为这两个无法被贴上左翼或右翼标签的人给了我某种怪杰之感。我是通过这个连载才知道橘朴和晓乌敏二人的，而从战前到战中都颇负盛名的这两个名字却未曾出现在战后吾辈的学校通识课书单中。要问为什么是橘朴，我接下来的讨论或可聊作回答。在这里我只想先简单地说说

（接上页）表彰那些影响了日本近代化的思想家，并分析其活跃的时代与背景……探究其现代意义。"《对日和平条约》，通称《旧金山和约》，是由第二次世界大战的48个战胜国与战败国日本于1951年9月8日在美国旧金山所签订的条约，于1952年4月28日正式生效。该合约主要是为了解决第二次世界大战后战败国日本的领土及国际地位问题。合约声明：日本承认朝鲜半岛独立，放弃台湾、澎湖、千岛群岛、库页岛、南沙群岛、西沙群岛等岛屿的主权。《旧金山和约》是身为战败国的日本战后再次崛起和确立国家走向的决定性合约。因《旧金山和约》签订时，中华人民共和国尚未取得联合国席位，因此被美国、英国、法国等国排除在外，故中华人民共和国政府自和约签订至今均未承认过《旧金山和约》。——译者注）

晓乌敏。晓乌敏师从清泽满之,是一位有着强烈宗教忏悔体验的真宗信徒。战争时期,晓乌敏以国体论布道者的身份驰名于世。知道了晓乌敏其人以后,在思考近代日本宗教家或者佛教人士时,我脑海里最先浮现的就是他的名字。我一直有个愿望,那就是以晓乌敏为中心,尝试讨论亲鸾抑或《叹异抄》之于近代日本知识分子的意义。

那么,我何以会关注橘朴,并一直对他抱有兴趣?橘朴者,何许人也?

二　橘朴者,何许人也

橘朴是什么人?他一直身处昭和前期,尤其是15年战争时期日本所谓"大陆政策"的现场——中国。而他又是以怎样的身份存在于现场的呢?昭和15年(1940),在一场以橘朴为中心举行的题为"东洋的社会构成与日支之未来"的研讨会上,他谈道:"我本是记者出身,作为记者我想把自己半辈子的精力都用于报道支那问题。于是我在辛亥革命之时进入了北京城。"[①] 最终,他发现要从根本上理解中国,"就有必要历史化地阐明支那社会问题",因此,便"自然而然地"以经济史、经济学、社会学等为自己的武器开展研究。这是橘朴的自我介绍,他是以报道中国问题的记者身份自

[①] 1940年5月31日,以橘朴为议题的"东方的社会结构与日支关系之未来"研讨会召开,细川嘉六、平野义太郎和尾崎秀实与会,其发言刊载于同年7月号的《中央公论》。本书中引述的相关文字参见尾崎秀实的《现代中国论》(劲草书房,1964年)。

任的。

我们先来看看橘朴的一生。他是原臼杵藩藩士橘量之子，明治14年（1881）生于大分县。曾入读杉浦重刚创立的日本中学，后因病返乡。其后，辗转于爱知二中、名古屋一中、高山中学等校，均因事退学或被开除学籍；入读熊本五高后，亦中途辍学。进京后的橘朴据说曾一度就读于早稻田大学。25岁时，他远渡大连，成为《辽东新报》的记者。从这里开始，我将以编年史的形式记录他的事迹和对应的历史事件。

1911年10月，辛亥革命爆发。

1912年，在此前后，橘朴决心把自己毕生的精力都用于报道中国问题。

1918年，37岁时，作为记者从军，参与了对日本出兵西伯利亚的报道，因在达乌里亚过度饮用伏特加酒而病倒。自青年时代起，橘朴多次饮酒过量。

1919年，在北京编辑《京津日日新闻》。五四运动爆发。

1920年，39岁时，赴济南任《济南日报》主编。

1922年，41岁，在青岛北部的李村进行农村经济调查，自那以后，他便独自在中国农村进行调查工作。

1923年，关东大地震。

1924年12月，创办《月刊支那研究》。

1925年，五卅运动爆发，并发展为反日运动，橘朴对此事件大加论评。同年，成为满铁本社调查科特约顾问。

1926年，自本年度起，橘朴开足了马力，为满铁的《调查时报》《满蒙》和《新天地》等报刊撰稿。

1927年，金融危机开始。橘朴转任满铁情报科特约顾问，并履行了顾问职责。同年3月,毛泽东发表《湖南农民运动考察报告》,橘朴在《新天地》等刊对其进行了批评性评论。4月,蒋介石发动政变,国共分裂,南京政府成立。

1928年2月,日本举行第一次普选。3月,日本发生"三一五"事件,为数众多的共产党员遭到逮捕。6月,张作霖被炸死[①];同月,国民革命军进入北京城。

1929年5月,撰写《支那共产党的理论及其策略》(发表于《改造》)。

1930年,昭和经济危机激化。10月,台湾发生雾社事件。11月,滨口雄幸首相遭到枪击。橘朴的《永久饥馑论》在《上海日报》连载。

1931年9月,满洲事变[②]爆发。上海排日运动激化。同年8月,橘朴创办《满洲评论》。10月,在小山贞知的斡旋下,在奉天的东拓楼上(关东军司令部)与板垣和石原两位参谋会谈。橘朴决意"转向"。11月,在奉天发表了题为"作为王道实践的自治"之演讲。[③]

以上,我以编年史的形式,较为详尽地回顾了1910年代后期至1930年代橘朴的足迹以及当时的历史事件,这是由于我的讨论偏重于这一时期,同时也是因为我知道,橘朴的人生深度参与了中国现代史进程。而之后直至其去世的足迹,借判泽弘那简洁的、传

---

① 即"皇姑屯事件"。——译者注
② 即"九一八事变",下同。——译者注
③ 以上有关橘朴的传记式描述,引自山本秀夫的《橘朴》(中公新书,1977年)附录的"橘朴年谱"。

记式的介绍来说：

> 他从大正末年起成为满铁特约顾问，满洲事变爆发前不久又在大连创办政治经济评论杂志《满洲评论》，作为满洲建国的意识形态吹鼓手和日本帝国主义大陆政策的批判者而大显身手。1942年因对"满洲调查部赤化事件"负责而辞任特约顾问，暂居东京，深藏收拾战局之念，倾力为综合杂志撰稿。1943年春，他再次来华，逗留于北京、徐州、上海等地，周游乡村，撰写了《支那建设论》等作品。橘朴在哈尔滨接到战败的消息后南下，在沈阳（奉天）下车后染病，1945年10月在中国大陆辞世，终年63岁。①

通过追溯其生涯，我们便能谈论橘朴是"何许人"了吗？我们确实可以据此知道，有位罕见的日本记者，终其一生都始终将危机与变革中的中国作为其报道现场。但当我们要更深入地探究这位罕见的记者橘朴究竟"何许人也"之时，当如何获知呢？

三　我们懂橘朴吗

竹内好在其编辑的《亚洲主义》②一书中并未收录橘朴的文章，

---

① 这是判泽弘的《橘朴——走向"开放的东方"之思想》[《日本的思想家》（下），朝日选书，1975年]所附的传记式介绍文字。这段话过于简洁，关于橘朴转向后的人生足迹，我想在本书中橘朴论的第三部分（第七章）再做详考。
② 竹内好编辑、解说：《亚洲主义》（现代日本思想大系9），筑摩书房，1963年。

对此，他事后做了些解释。竹内说，他原打算将满洲事变前后橘朴的文章选一篇编入《亚洲主义》，但借阅了很多期的《满洲评论》后才发现，他"选不出哪怕一篇文章能够呈现橘朴先生的面目"，"每篇文章的完成度都很低，流动性太强。结果是，人倒是一个巨大的存在，但其文却未能完整呈现其人。我深感橘朴先生野心虽大，而终未能表达出其万一"。① 竹内的这番话收入了《还原橘朴》一书，该书编者山本秀夫为此文取了个标题——"橘朴在日本思想史上的位置"，但竹内却从未说过一句类似的话。竹内说的是，橘朴的文章本身并未呈现出他"茫漠无边的宏阔"思想。所谓"茫漠无边的宏阔"，一般是用来形容中国大陆的。竹内将此言赠予作为现场发报者（记者）至死都与中国关联在一起的橘朴，而放弃了对其做思想史定位或将其编入日本"亚洲主义"系谱。

竹内试图根据记者橘朴所发表的时事评论，去理解"无边宏阔"的思想家橘朴是"何许人也"，却无功而返。即便读了《满洲评论》上所刊载的橘氏评论，他依然不明所以。竹内未曾想到，以这种方式是无法理解橘朴的。他以橘朴之为人比其时事文章更为阔大为由，放弃了对橘朴的理解。

在此，我要批判竹内对橘朴的理解方式，但直到不久之前，我本人也是这么理解的。我说过，橘朴是让我一直挂怀的人物。作为思想史学者，自从我的视野由近世转向近现代以来，理解橘朴对我来说就是不可或缺的工作。特别是从2001年1月我在季刊《环》

---

① 这是竹内在橘朴追悼会（1964年5月16日）上的致辞，收入《还原橘朴》（山本秀夫编，龙溪书舍，1981年）。编者为这篇致辞取了一个标题——"橘朴在日本思想史上的位置"。

（藤原书店）上连载①近代日本的亚洲认识相关文章时起，对橘朴的理解就成了更为切实的问题。我事先决定将有关橘朴的讨论作为其中一章，并从书架上取出以前买过的橘朴的两本主要论著——《支那社会研究》和《支那思想研究》②，打算抽时间读一下。然而，《支那社会研究》一书从第一页开始，就让我感到读不下去。对当时的我而言，这并非一本能读得懂的书。而《支那思想研究》却是我所能读懂的。在这本书中我了解到，橘朴的道教观可表述为："老派日本汉学家们皮相地观察支那历史，认为儒教之兴盛乃因其与支那民族性契合。而在支那社会中，兴盛的绝非儒教，而是道教。"其民众观则可表述为："官僚在上层以牺牲民众利益为代价，任意操弄政治；民众则努力将其牺牲控制在最小限度内，率性而活。"③此二者之间构成了一表一里的关系。橘朴对中国思想的解读方式让我兴味盎然，但我却并不认为据此就可以把握橘朴是"何许人也"。我想，问题的答案还是存乎于《支那社会研究》中，但此书却是我想读而读不懂的，无奈之下，我想尝试从橘朴的评传入手。

2002年春，我受哈佛大学燕京学社之邀而获得了自由的研究时间，于是就一口气读完了之前未读完的山本秀夫之作——《橘朴》④。我本以为读完此书就会弄懂橘朴，便能写出点什么，但事

---

① 该系列连载都收入了《"亚洲"是如何被言说的——近代日本的东方主义》（藤原书店，2003年4月）一书中。
② 橘朴：《支那社会研究》《支那思想研究》，日本评论社，1936年。两本书都是由大上末广等师从橘朴者所编的。
③ 第1章"关于支那思想的一般性考察"，收入《支那思想研究》。
④ 山本秀夫：《橘朴》（中公新书），中央公论社，1977年。关于橘朴一生在中国的思想、实践活动，该书提供了详细而出色的论述。

实完全相反，我发现自己无法落笔著文。山本在其最后一章"战败－临终"中起笔写道："时间一分一秒地流向战败。昭和20年（1945）7月26日，橘朴带着心中最后的对策，离开北京前往青岛，后经水路登陆大连。"战败近在眼前，在山本笔下，所谓"最后的对策"，指的是"唯有在关东州历经数十年、日本人和中国人共同培养出的东亚人之间的亲善关系，才是可靠的力量，应以此为据点谋求日中共存"。与其说对这一对策感到愕然，倒不如说，我对在昭和20年（1945）7月这一时期拖着病体将心中谋略说与关东州厅首脑的橘朴这一人物感到愕然。其后，8月初，橘朴为搜集苏军情报前往哈尔滨，回到新京（长春）后又遭遇苏军轰炸而避难奉天（沈阳），却在那里赶上了8月18日的苏军进驻。10月25日下午，橘朴病死于奉天避难地的寓所。诊断显示，他死于肝硬化晚期。听说在苏军进驻下的奉天，每晚都会有许多人来到他的寓所，聆听橘朴对时局的预测以及对日本应对之道的评说。山本说他印象最深的是，橘朴拿着战略地图预测中共军队终将征服全中国。

读罢山本《橘朴》的"战败－临终"一章，在其所描述的橘朴面前，我感到茫然无措，束手无策。读毕宫崎滔天的《三十三年之梦》后，我亦有同感。为什么日本近代史会孕育出宫崎滔天和橘朴这般几乎毕生都与中国牵连在一起的人物？他们周围还有几十个、几百个与他们同样在中国终其一生的人物吧。但孕育了宫崎滔天和橘朴这般人物的，正是日本的近代。是东亚的日本因欧美军事力量压迫而建立起的近代国家孕育出了这般人物的吗？宫崎滔天和橘朴的"亚洲主义"抑或"中国主义"，是近代国家形成之原动力——日本民族主义的另一个侧面吗？但我对日本近代史的诸般推测,却轻易地越过了他们那些异乎寻常的活动经历。这让我每次论及橘朴时,都有种强烈的手足无措之感。我也像竹内好一样,一边谈论着橘朴"茫漠无边的宏阔",一边却不停地说着"我毕竟不懂橘朴",而不得不放弃论述之念。

四 阅读橘朴的方式变化

2011年3月11日东日本大地震当天,我身在关西,因为翌日要在京都召开的学术研讨会上发表主题演讲。京都归途,我在新干线上开始读橘朴的《支那社会研究》。这些年来我所推进的"阅读中国论"工作的下一个课题就该做橘朴了,我是把这本书塞进背包后出门的。在车上,我带着疑心打开了书,但这次我没再被它拒绝,而是像被拽进了书中一般读了下去,也可以说是我逐渐进入橘朴的评论世界中去了。回到家中,虽然一方面被地震和核电事故相关资讯分了些神,但我还是把《支那社会研究》读了下去,并得以直接进入橘朴所分析和叙述的、1920年代后半期的中国社会问题和农民问题之中。我想,我读懂了橘朴。某些东西发生了变化,当然,不是他的文本发生了变化,而是身为阅读者的我发生了某些变化。

变化的是什么呢?是我对橘朴的阅读方式,以及我对中国社会的看法。这两者的变化是相关的,也是重叠的。我对现代中国看法之变化,将重新叩问何谓中国革命及其结果的课题摆在了自己眼前。中国革命作为一场农民革命,其战略和战术都形成于1920年代后半期至1930年代之间。因此,只有重新审视这场革命,才能读懂橘朴所撰写的同时代中国社会论、中国农民论和农村论,理解他的另一种中国社会变革论。

1930年2月，橘朴在《上海日报》连载了关于中国农村的《永久饥馑论》。他说，中国农村将永远、反复处于饥馑的状态，"支那农村至少自明代中叶以来，便陷入营养不良，对自然灾害抑或军阀及帝国主义这类人为压迫的抵抗力也近乎完全丧失"，"今日永久饥馑的终极原因在于支那农村的营养不良"。① 橘朴的"永久饥馑论"是通过直面1920年代后期的农民问题而提出的：

> 如何解决支那永久饥馑状态的问题，是在范围上与支那革命将如何完成之问题相当的大问题。……支那共产党也在1927年5月的第五届全国代表大会宣言中，明确提出土地革命是支那革命现阶段的中心问题。

橘朴现在直面的是已呈永久饥馑之惨状的中国农村。② 他一边在历史与现实社会的诸种关系中探求这一惨状的社会成因，一边探究惨状的解决方略，并指出，惨状的解决是与中国革命的成败范围相同、大小相当的问题。面对已呈永久饥馑之状的中国农村，橘朴清楚地看到，他所面对的是推动土地革命路线的中国共产党。这个场景集中呈现了终生都与危机和变革的中国同行的日本记者橘朴的形象。橘朴是一位历史在场者和见证人，1920年代后期，他在农民革命呼之欲出的中国现场，以对中国社会独到而深入的历史分析与现状认识，提出并见证了中国社会的另一种变革形态。

---

① 《永久饥馑论》(1930年)，《支那社会论》第2章第2节。
② 《永久饥馑论》第（五）项。

这样,《支那社会研究》对我而言就既是可读亦是必读之书了。这种读法,并非要去追问橘朴是"何许人也",而是要探究1920年代后期至1930年代,橘朴在危机与变革中的中国所发出的历史证言。

第六章
中国飘摇在社会革命之波澜中
——读橘朴《支那社会研究》之二

> 不言而喻,前资本主义式、专制主义式的支那革命,其路径舍民主主义无他,这就是只要事关支那革命,即便是共产主义者也会与我观点相同的道理。以此为目标,可供自由选择的范围就只能聚焦在一点上:是私有制资本主义抑或公有制资本主义。
>
> ——橘朴:《支那社会研究》

一 何谓"社会革命"

橘朴在大正 14 年(1925)发表于《支那研究》的一篇文章中指出:"如今的支那飘摇在 70 年来绵延不绝的社会革命之波澜中。"① 这里所说的"70 年来",指的是清朝末期的 19 世纪中叶以来,说得更准确些,是太平天国之乱(1850)以来吗? 橘朴将他所面对的 1920 年代之中国,置于 70 年前开始的社会革命进程中予以观察。不过,在这里他所谓的"社会革命"指的是什么? 我在阅读他有关中国社会及其变革的论述时,并未将其视为"社会革命"之论。他本人在《支那社会研究》中讨论中国社会的阶级构成及其变

---

① 《支那近来的民族运动》(1925 年 8 月),载《支那研究》第 2 卷第 3 号。收入《支那思想研究》。

革时,也并未使用"社会革命"的概念。我在他发表于大正14年(1925)的评论中读到了前文引述之言,碰巧同时又读到了孙文发表的题为"民生主义与社会革命"的演讲文(1912),于是便重新关注起"社会革命"这个词。

孙文在演讲中称:"今日满清退位,中华民国成立,民族、民权两主义俱达到,唯有民生主义尚未着手,今后吾人所当致力的即在此事。"① 在此,他把关乎民族、民权、民生三大主义的革命称作种族革命、政治革命和社会革命。辛亥革命后不久的1912年春,孙文表示,种族(民族)革命、民权革命在某种程度上已经完成,社会革命即将开始。我以前一直不加区分地将政治革命与社会革命混为一谈。而孙文却在与民权主义、民生主义相对应的意义上,提出了社会革命和政治革命这两大问题,并以先进近代化国家为例,称"英是君主立宪,法、美皆民主共和政体,已是极美的了。然国中贫富阶级相隔太远,仍不免有许多社会党(社会主义政党)要想革命"。他说,在已然经历过近代政治革命的先进国家中,社会革命的课题依旧切实存在着。由此,我们便要再次面对这样一个问题——什么是与民生主义相对应的社会革命?

孙文是如此定义"民生主义"的,他说:"民生就是人民的生活,社会的生存,国民的生计,群众的生命。我现在就是用民生这两个字,来讲外国近百十年来所发生的一个最大问题,这个问题就是社会问题;故民生主义就是社会主义,又名共产主义,即是大同主义。欲明白这个主义,断非几句定义的话,可以讲得清楚的。"②

---

① 《民生主义与社会革命》,收入堀川哲男《孙文》(人类的知性遗产63),讲谈社,1983年。这是孙文在离任临时大总统当日的南京饯别会上发表的演讲。
② 《三民主义》,金井宽三译,改造文库版,1929年。

在先进的近代化国家，社会主义建立的重要因素是社会不平等和贫富差距之类的社会问题，这让孙文想到了意味着"人民生活、生计"的"民生"概念，如此一来，民生主义便成了表述中国国民革命中社会革命原理的概念。所谓社会革命，并非以民主共和之政治形态为指向的政治革命，而是要将政治变革推进为社会性、基层化变革之意。在发表于1912年的一次演讲中，孙文警告说，未能实现民生主义式社会革命的民族革命和民权革命，恐将带来比专制君主更为残酷的资本家压迫。可以说，孙文所谓的"民生主义式社会革命论"，是将已出现严重社会问题的先进近代国家作为现实参照，试图在中国实现具有近代化国民革命特征的20世纪革命之原理。

　　橘朴将中国的变革理解为社会革命式的变革。或许也可以说，他把孙文三民主义式的中国革命论理解为民生主义式的社会革命论。从文章开头所引述的那句"如今的支那飘摇在70年来绵延不绝的社会革命之波澜中"就可以看出，他是将中国的近代化进程作为社会革命的变革过程来理解的。或许可以说，这是试图与中国革命同行的新闻家橘朴才有的中国革命论视角吧。民生主义式社会革命，或许就是橘朴以言论介入中国的思想动机。

二　内藤湖南与橘朴

　　橘朴写过一篇文章，题为《支那将何如——读内藤虎次郎氏的新支那论》[①]。关于内藤湖南，他表示："25年以来，我一直都对这

[①]　《支那将何如——读内藤虎次郎氏的新支那论》，《支那研究》第1卷第3号，收入《支那思想研究》。

位优秀的支那学家怀有敬意和好感。"关心他的人或许都想搞清楚，水平在平常"支那通"之上的橘朴是如何阅读内藤湖南的《支那论》的。人们当然会期待，通过现场主义式的中国认知者橘朴对文献学式的史学家内藤湖南之作《支那论》的批判，看清二者"中国论"的各自立场，我亦如此。但橘朴的文章却未简单地回应这一期许，它对硕学内藤湖南的"中国论"究竟是称赞还是批判，本来我也不甚了了。或许，橘朴是想借硕学内藤湖南的权威言论使自己的中国变革论获得普遍认同，亦未可知。

橘朴从内藤湖南之论中撷取了以下三个问题，表达了自己的相关思考，分别是："一、内藤氏对支那改造的看法。二、内藤氏对支那改造的根本势力——'乡团自卫'之见解。三、内藤氏对新人之改革论的批评。"第三个问题是围绕内藤湖南对五四运动的否定性评价展开的。关于这一问题，橘朴对内藤湖南的批判是很明确的，问题出在前两个问题上。橘朴首先说："我的想法要言之，即内藤氏将重心置于乡团自卫上，这与我重视身为改造势力的中产阶级之命运大体上是一致的"，并表示，他与主张中国改造论的内藤湖南一致的理由是："我所谓中产阶级领导的社会革命，实际上必须以地方中产者自卫组织势力为凭恃。"在此基础上，他与内藤湖南的显著差异之处在于，"前者，譬如可以从知识人中寻找曾国藩这般统率者，使革命势力集中于这一中心；与此相对，后者则预想要断然采取地方民主化分权的形式。内藤氏预测了经济势力之壮大，并承认了将其作为改造势力的可能性，这一点也与我的资产阶级革命论是相通的"。橘朴要谈的是他与内藤湖南的差异，但其表述却归结成了他们的共通点。这种表述让读者一头雾水。橘朴究竟是如何批评内藤湖南的《支那论》的？他这不是一边谈着自己与内藤湖南的一致性，一边展开了自己的中国社会革命论吗？

正如我在解读内藤湖南的《支那论》（第三、四章）时所指出的那样，他在中国"近世"发现了具有中国特性的国家社会之形成。他所说的"近世"，乃是与宋代以降"专制君主"这一中央权力建立的国家相对的、地方上平民自卫性自治组织——"乡团组织"形成的时代，是被称为"中国式"的国家社会永久性形成的时代。他认为，即便是在辛亥革命后已向共和制过渡的中国，"乡团组织"依然对中国的国家发展趋势有着重大意义。我在论述内藤湖南之际，援引了他在《支那论》中讨论"乡团自治"的一段话，橘朴亦引述了此言：

> 近来有关"联省自治"的议论，看似是与支那实情相合的政情，但倡导联省自治者乃政客，霸占了各省政治机构的也都是政客。既如此，则所谓自治便是政客阶级之自治，而非乡团之自治。支那民政的真正机能，至今依然应该表现在乡团自治上，政客几乎不可能创造出更具统合性的结构。最终，支那只要无惧政客们物议纷然，无论是共同管理还是其他任何统治方式，只要不破坏乡团组织，就不会破坏支那整体的安全。①

在此，内藤湖南所说的"政客"指的是已转变为职业政治家的

---

① 内藤湖南：《支那的政治及社会组织》，载《新支那论》。这段话我引自1938年版内藤湖南的《支那论》（创元社）。

官吏。皇帝的中央权力对地方的统治是通过变身为政治代理人的地方官实现的。内藤湖南对此说明道:"(汉代)天子本身已经是一种政客化的存在,中央政府被政治代理人——天子的雇员包围着,地方官中倒有远离生意、认真投身于民政事业之人。近来,支那'一命以上的官吏'统统政客化了。官吏即为包围着天子的政客阶级团体。"① 与转变为政客的地方官吏相对,作为地方自卫组织,乡团组织建立了起来。稳固形成的乡团组织创造出了可称为"中国式"的社会。内藤湖南说,无论国家这一中央权力形态如何变化,即便采取外国共同管理的形态,其统治只要不破坏乡团自治,便可确保"支那整体的安全"。

橘朴接受了内藤湖南提出的学说,即皇帝和官吏(政客阶层)构成了中国政治社会的中央权力,与地方社会中的乡团自卫组织之间,形成了历史性的对抗图示。但橘朴不仅仅是将内藤湖南提出的对抗作为中国社会的对抗图示予以接受的。在指出内藤湖南所说的"政客阶级""大体上与我所谓社会阶级意义上的官僚阶级相当"之后,他说:

> 政客与乡团自治组织之间的对抗,以我的用语来说,即为统治阶级(官僚阶级)与被统治阶级的一部分(中产阶级)之间发生的有意识或无意识的阶级斗争。这种阶级斗争是我对中国总体认识的重点。在这一点上,我与日本

---

① 引文中的"一命以上的官吏"中之"命",指的是官阶制中初次任命的官吏,最高官阶为"九命"。(命:官阶。周代官阶自一命至九命,一命即周代最低官阶。——译者注)

支那学家中的最高权威内藤氏之见解相吻合,这是最让我感到欢欣的。①

橘朴的这段文字很有趣,因为我们可以很清楚地看出,对他而言,参照内藤湖南的《支那论》意味着什么。橘朴将地方乡团自治组织始终存在这一内藤湖南的静态中国社会论,改写为动态的、阶级斗争式的中国社会论。"乡团组织"已不是中国社会在结构上的持续场域,而是经由官僚统治阶级与以中产阶级为代表的被统治阶级间的阶级斗争,转变为实现中国社会变革的场域。何谓中产阶级,须待稍后重新审视,在此我想仅聚焦于这样一段话——"乡团自治的组织是地方中产阶级以其自身之力,以免受政客游戏损害为目的的组织","我想,广东省的中产阶级所谓商团及乡团的军队组织等,便是我的这一主张最有力的证人"。总之,橘朴将地方乡团视为实现他所谓的"资产阶级革命"这一社会革命之场域,并表达了在中国通过官僚阶级与中产阶级之间的阶级斗争实现社会变革的看法,"这是我对中国总体认识之重点"。他以参照内藤湖南《支那论》的形式,提出构成自己总体中国认识的重点——中国的阶级斗争式社会变革观。"在这一点上,我与日本支那学家中的最高权威内藤氏之见解相吻合,这是最让我感到欢欣的",文末这句,可谓是将该领域最高学术权威内藤湖南视为自己中国革命观的赞同者而大呼快哉之言吧。

---

① 引文中的着重号为子安所加。

三 毋宁说中国是太年轻了

内藤湖南说过,中华民族的"政治年龄"太大了。他虽说"君主专制时代即是平民发展时代",但"平民发展"时代在民族年龄上已经到了老龄化的时代。内藤湖南的《支那论》中流动着的悲观主义,根源在于他未曾预测中国未来会处于民族年龄意义上强盛的青壮年时代。橘朴反对内藤湖南因民族年龄论而对中国现代政治史做的特殊化理解。他说:

> 然而,不能说支那所发生的政治现象便是支那所特有的。至少在18世纪中期以前,欧洲的政治与支那在本质上是完全一样的。也就是说,西方的民主依然是历史进化的产物。支那的政治也绝不会一直像今天这般固化、停滞不前,我的看法与内藤氏恰恰相反,与欧洲相比,支那政治在进化程度上迟滞了一到一个半世纪。换言之,支那在政治上不是太老了,毋宁说是太年轻了。

橘朴否定了动辄将中国的特殊性归结为中国停滞性之论,他在中国社会发现了让变革成为可能的但尚未成熟的年轻力量。橘朴此言的重要性不止于此,他未将中国政治史、社会史的发展视为中国之特有,而是认为中国亦处于世界史意义上近代国家、近代社会形成的过程之中,与欧洲的先进近代国家相比,也顶多晚了一到一个半世纪。这是对东亚近代的重要见解。橘朴认为,即便是快慢有别,但中国也已与日本一道,开始迈向了自立的近代化变革之路。"如今的支那飘摇在70年来绵延不绝的社会革命之波澜中",本章起首所引橘朴的这句话，正是此意。或许应该说，橘朴中国革命论的底色是生为东亚近代人的同志之感吧。

四　官僚统治阶级

橘朴围绕《支那农村的阶级构成》①展开的评论，是从批评《中国共产党土地问题党纲草案》②（以下简称《党纲草案》）开始的。这一时期，橘朴对中国共产党的革命战略给予了高度的关注。在论及中国农村的阶级构成时，他引述了《党纲草案》，并在评论中批判了草案中的"亚洲式的生产方法"。此处且引橘朴评论的前提——《党纲草案》一文的相关文字如下：

> 诸侯制度的采邑以及阀阅专有土地的制度（如贵族阀专有土地之制度）之在中国已经很早就根本崩坏了（秦始皇之后，约当基督纪元前3世纪）。此后经过很长期的无政府状态，经过非常残酷的阶级战斗，然后最终的形成所谓亚洲式的生产方法。中国的国家用从细小的许多诸侯采邑变成亚洲式的专制政权，有极发达的官僚制度。农业与农民的家庭工业（纺织等）相联结，又使亚洲式的生产方法有很大的内部稳定的状态。

马克思仅略有言及的"亚洲式的生产方法"，以及其后苏联公

---

① 《支那农村的阶级构成》，载《满蒙》1928年4月号。收入《支那社会研究》。
② 1927年11月，中国共产党中央紧急会议通过了同年全国代表大会之前农民运动的指导原则——立夫起草的《中国共产党土地问题党纲草案》。

开的马克思遗稿中提及的"亚洲式土地所有制形态"论，不仅决定了苏联、中国、日本各国共产党的革命战略，甚至引发了关于如何理解其内涵的大规模论争。在此，橘朴反问道，马克思、列宁所谓的"亚洲式的生产方法"意即《党纲草案》中所谓"农业与家庭工业相联合的中国旧经济基础"是亚洲独有的经济史现象吗？他说，照经济史而言，从中世末期到近世初期，也就是"所谓产业革命以前，欧洲诸国的地方经济组织大多"属于这一经济组织，并非亚洲独有。他认为"亚洲式土地所有制形态"，"其实在欧洲农村也确曾广泛存在"，在这种情况下，称之为"亚洲式"是不正确的。然而，"亚洲式的生产方法"和"亚洲式土地所有制形态"通过与"东方专制主义"（der orientalische Despotismus）相结合，构成了支撑亘古不变的专制政治统治体系之社会、物质基础。① 前文

---

① 从马克思的《经济学批判要纲》[中译本为《政治经济学批判（1857—1858年草稿）》。——译者注] 中引用了几处关于"亚细亚的所有制形式"的内容（现行马克思著作中文译本，多用"亚细亚"指代"亚洲"，"亚细亚生产方式"即指"亚洲式的生产方法"。但全书涉及中国共产党历史文献，以及日文表述语境时，仍保留当时的用法。——编者）："在大多数亚细亚的基本形式中，凌驾于所有这一切小的共同体之上的总合的统一体（die zusammenfassende Einheit）表现为更高的所有者或唯一的所有者，实际的公社却不过表现为世袭的占有者"，"这种财产，是由作为这许多共同体之父的专制君主所体现的统一总体，通过这些单个的公社而赐予他的。因此，剩余产品（其实，这在立法上被规定为通过劳动而实际占有的成果）不言而喻地属于这个最高的统一体。""因此，在东方专制制度下，以及那里从法律上看似乎并不存在财产的情况下，这种部落的或公社的财产事实上是作为基础而存在的，这种财产大部分是在一个小公社范围内通过手工业和农业相结合而创造出来的。"《1857—1858年经济学草稿·经济学批判要纲》第二分册《资本主义生产以前的各种形式》（大月书店，1997年），但在这里引用时，对译文有所修改。关于马克思的"亚洲式生产方法"论请参考植村邦彦的（转下页）

所引《党纲草案》之言便是此意。因此，橘朴对"亚洲式"界定的怀疑与质问，最终指向了"亚洲专制政权"这一延续着的中国专制主义政治统治。

从注释中所引马克思的《经济学批判要纲》底稿中，我们大致可窥知其所谓"亚洲式土地所有制形态"指的是什么。但马克思所说的"亚洲式"是一种类型概念，未必是指印度或者中国固有的形态，亦可见之于斯拉夫、罗马尼亚、墨西哥和秘鲁等地。不过，这种所有制形态的延续，是以作为共同所有体的共同体不断延续再生为前提的。当马克思说在这延续的所有制形态中"亚细亚形式必然保持得最顽强也最长久"之时，这里的"亚细亚形式"显然意味着停滞的王国——中国。

> 亚细亚形式必然保持得最顽强也最长久。这取决于亚细亚形式的前提：即单个人对公社来说不是独立的，生产的范围仅限于自给自足，农业和手工业结合在一起，等等。①

如此一来，"亚洲式的生产方法""亚洲式土地所有制形态"就决定了延续在中国的专制主义统治之基层结构，前文所引《党纲草案》也是据此起草的。橘朴对被称作"亚洲式"的、中国特殊的"生产方法""所有制形态"提出了质疑，他说这些在欧洲

（接上页）《亚洲是"亚洲式"的吗》第11章"亚洲式生产方法"（中西屋出版社，2006年）。（前述关于马克思的《经济学批判要纲》的引文参考《马克思恩格斯全集》第46卷，人民出版社，1979年7月，第473—474页。——译者注）

① 马克思：《先行于资本主义的诸形态》。（译文引自《马克思恩格斯全集》第46卷·上，第484页。——译者注）

也曾普遍存在。那么，对于以这些因素为基层结构而延续下来的"亚洲专制主义"政治统治，橘朴又作何思考？他从《党纲草案》引用了前文那段话后表示："据我所知，这一表述对一半、错一半。"所谓"对一半"，他指的是封建制度早已从中国历史上消亡。他说，封建制度的消亡"是距今两千年以前的事了。因此，不言而喻，对支那现存的任何现象冠以'封建'之名都是错误的"。橘朴与内藤湖南都认为，在中国，封建制度早已消亡，二人的中国史观是相通的，或许他是继承了内藤湖南的中国史观亦未可知。认为封建制度早已消亡的橘朴也指出了将"现存的任何现象"名之曰"封建"的谬误。如此表述时，橘朴的脑海里所浮现的应该是毛泽东在《湖南农民运动考察报告》中所讲的话："宗法封建性的土豪劣绅，不法地主阶级，是几千年专制政治的基础，帝国主义、军阀、贪官污吏的墙脚。打翻这个封建势力，是四千年乃至几千年未曾成就过的奇勋。"① 认为封建制度在中国早已消亡的橘朴，期待在地方农村社会出现与毛泽东旨在歼灭封建残渣余孽的

---

① 在此举出毛泽东的《湖南农民运动考察报告》绝非牵强附会。毛泽东领导的农民运动与1927年的《党纲草案》有关，也引起了对草案提出批评意见的橘朴之关注。另外，毛泽东的《湖南农民运动考察报告》发表于1927年3月28日《中央副刊》第7号。橘朴撰文之时已拿到了毛泽东的这份报告。本文引用的报告的内容参考了《原典中国近代思想史》第5册《毛泽东思想的形成与发展》（岩波书店，1976年）。（译文引自《毛泽东选集》第1卷，人民出版社，1991年，第15—16页。这段引文与毛泽东原著有较大出入，毛泽东原文曰："宗法封建性的土豪劣绅，不法地主阶级，是几千年专制政治的基础，帝国主义、军阀、贪官污吏的墙脚。打翻这个封建势力，乃是国民革命的真正目标。孙中山先生致力国民革命凡四十年，所要做而没有做到的事，农民在几个月内做到了。这是四十年乃至几千年未曾成就过的奇勋。"——译者注）

农民革命所不同的革命。

《党纲草案》中说:"中国的国家用从细小的许多诸侯采邑变成亚洲式的专制政权,有极发达的官僚制度。农业与农民的家庭工业(纺织等)相联结,又使亚洲式的生产方法有很大的内部稳定的状态。"这就是说,与发达的官僚制度相伴相生的君主专制政权,以建立在"亚洲式生产方法"和土地所有制形式基础上的地方农村社会为稳固的基础,建立起了稳定的统治体系。在认定封建制度在历史早期便已崩溃的中国史观层面,橘朴的看法与《党纲草案》同调;而《党纲草案》认为自那以后与官僚制度相伴相生的专制主义政权便持续稳定了下来,对此,橘朴却无法认同。虽然有些长,但我还是想引述橘朴对《党纲草案》之历史观的反驳。尽管封建时代之后出现了专制时代确是事实,但"极发达的官僚制度"之形成却很晚。橘朴反驳道:

> 自秦汉至唐末,政治上的专制统治与社会上的贵族统治并行,历时约有千年。从唐末延续至五代的大战乱首先在政治层面,其次在社会与政治层面颠覆了贵族存在的基础。也就是说,宋初的支那社会可以说是没有统治阶级的畸形社会。为填补这一缺陷而诞生的新兴力量便是官僚阶级,维护政治权力的官僚同时也形成了一大社会阶级,因此《党纲草案》执笔者所谓"极发达的官僚制度"就出现了。但那已是宋代以降的事了。

橘朴不会刻画出一个持续的、停滞的专制主义中国之历史形象。他说,历史地看,支撑停滞王国专制统治的"极发达的官僚制度"之确立,也是晚至"宋代以降"的事了。他不会去描述"跨越四千年的专制主义王国"这类中国历史形象,这意味着,他也不会在这一历史形象的反面描绘出"苦于四千年封建统治的人民"这类中国人民(农民)的形象。他的中国历史观,与认为中国"近世"始于宋代的内藤湖南是相通的;但内藤湖南讨论与专制主义的地方统治相对的自卫性社会组织——"乡团组织"之形成的历史表述,是结构主义式的、静态的。与其相对的是,橘朴却将这个时代理解为阶级社会建立的时代,他认为在专制统治的一方,官僚阶级形成了一个社会阶级。说社会阶级,就意味着官僚不仅仅是一种纯粹的法制性身份,它作为一种社会身份也获得了社会的承认。

在以经济手段积聚财富的作用力微弱时,社会财富便不得不通过政治榨取的路径而流向官僚群体。在支那,富豪与官僚乃同义词,财富积聚于官僚门下的事实,引发了社会对官僚的崇拜,这就使得其世袭身份容易获得社会承认。如此一来,官僚阶级的统治便成了宋朝以来的一千年间支那政治、经济和社会机构之特色。

橘朴表示,若存在什么值得称为"亚洲式"或者"支那式"的,那便是由官僚阶级统治的中国社会。

五　中国革命是民主主义革命

橘朴说:"土地与资本的现实占有者大部分并非现职文武官僚,

而是所谓的乡绅,乡绅的存在是证实我所谓官僚阶级之存在最有力的事实。"包括所谓"土豪、乡绅"在内的官僚阶级成为一大阶级是中国社会的特色。① 官僚阶级统治的中国社会是"封建社会和资本主义社会的中间阶段"。他还认为,"支那(不仅限于农村)民众是供养着特殊统治阶级——官僚阶级,同时痛苦于中世政治、经济、社会桎梏的存在"。关于"乡团组织",橘朴称:"政客与乡团自治组织间的对抗,用我的话来说,即为发生在统治阶级(官僚阶级)与被统治阶级一部分(中产阶级)之间、有意识或无意识的阶级斗争。"我将橘朴的这些话串联起来想表达的是,封建社会与资本主义社会的中间阶段——前资本主义的中国社会变革,是经由怎样的革命历程实现的。他直接说:

> 我的立场是,今天支那的革命历程与法国大革命大体相同。我想,这不外乎就是贵族(在支那则是官僚)与庶民之间阶级斗争的历程。②

橘朴说,今天中国革命的历程与法国大革命大体相同,也就是说,而今进行中的中国革命是一场资产阶级革命。法国大革命是由贵族阶级统治的社会向以民众为主体的民主社会转向的社会革命。中国的革命也是由官僚阶级统治的社会走向解放庶民和农民的民主

---

① 橘朴说:"近世支那的统治阶级是由士绅(亦即官僚)和乡绅(非现职官僚的家族,以及有举人以上学位或品官资格者及其家族)构成的。"(《支那社会的阶级》)
② 《支那的农村及农民问题、帝国主义和农民经济》,载《满蒙》1928年7月号,收入《支那社会研究》。

化的社会革命。而橘朴在将中国革命理解为法国大革命时，还界定了这场革命的另一个重要特征：今天进行中的中国革命是走向资本主义社会的民主主义革命。他在一篇讨论农村和农民问题的论文中说：

> 我的看法，一言以蔽之，唯有资本主义才能拯救饱受人口过剩之苦的前资本主义国家——支那。此亦言必称民主主义革命者必会接纳的看法。不言而喻，前资本主义式、专制主义式的支那革命，其路径舍民主主义无他，这就是只要事关支那革命，即便是共产主义者也会与我观点相同的道理。以此为目标，可供自由选择的范围就只能聚焦在一点上：是私有制资本主义抑或公有制资本主义。①

要说当时的中国革命是引领中国迈向资本主义社会的民主主义革命，那么肩负革命任务的主体是谁，与官僚统治阶级斗争的民主主义势力又指什么呢？橘朴将他们称作"中产阶级的改造势力"。他赞同内藤湖南的"乡团组织"，认为"内藤氏将重心置于乡团自卫，与我重视中产阶级并将其视为改造势力，大体上是吻合的"，"若问原因，所谓乡团自卫是地方上的中产者用以对抗军队及土匪掠夺的组织，我所谓中产阶级的社会革命，实际上也须将其势力的根据地建立在地方中产者的自卫组织上"。此外，他还追加了一句："内藤氏预测了经济势力之勃兴，并承认其作为改造势力的可能性，这一点与我所谓资产阶级革命论是相通的。"如此看来，大

---

① 《支那的农村及农民问题、帝国主义和农民经济》。

致可以推断所谓的"中产阶级"所指为何。但这种"中产阶级"只是作为可能性的、在革命斗争过程中形成的改造势力。尽管如此,橘朴却一边期待着"中产阶级"的成熟与自觉,一边说中国的革命须是民主主义社会革命。

1928年橘朴在如此表述之时,他一方面在中国农村看到了"永久饥馑"的惨状;另一方面,他注意到了中国共产党的战略调整——"1927年8月前还被毫无疑义地遵奉下来、'作为共产主义革命之准备的民主主义革命'的根本方针,到了同年9月或11月突然发生改变"。橘朴认为,整体歼灭中国社会革命践行主体之农村中产阶级的农民革命,是无法解救农村永久饥馑之惨状的。我在此提出1928年橘朴所描绘的民主主义社会革命——中国革命形象,并不是为了否定现实中推行并已实现了的中国革命之历史性。毋宁说,橘朴的中国革命论反倒为我们提供了将现实中推行并已实现了的中国革命予以相对化、历史化的视角。不仅如此,在东亚近代化变革的历史进程中与中国同在的日本言论人士橘朴,参与到中国近代化变革进程中并描绘了中国变革形象,这也为我们思考21世纪东亚问题提供了宝贵的启示。这么说,是由于中国的变革形象由日本提示出来,也是对一味肯定、承认中国变革的日本进行改变和自我革新的要求。21世纪的当下,我们仍身处世界性危机之中,并愈发强烈地意识到,东亚共同世界的形成有赖于各国的自我变革。

第七章
对橘朴而言,"满洲"意味着什么
——读橘朴的《满洲事变与我的转向》

> 作为反省的结果,我将诀别自由主义与资本家民主主义,高举新的劳动者民主主义——为满洲建国计,尤其是农民民主主义——之旗帜,并对培养和宣扬这种主义兴致盎然。
>
> ——橘朴:《满洲事变与我的转向》

一 所谓"转向"

发端于1931年9月18日柳条湖满铁线路爆破事件的满洲事变,走向了"满蒙占领"这一石原莞尔等人预想的方向。10月2日,关东军首脑会议提出了由石原参谋起草的《满蒙问题解决方案》,明确提出了"将满蒙作为独立国置于我保护之下,以期实现满蒙各民族之平等发展"的方针。[①] 该方案提出几天之后,橘朴在小山贞知的介绍下,与关东军司令部的板垣、石原两位参谋进行了会谈。橘朴说,此次会谈证实了"我对满洲事变认识不足"。

橘朴在其编著的《满洲与日本》(改造社,1931年11月出版)的结论中已经提出了"日本国民立场视域下的满洲问题解决原则"。

[①] 引自片仓衷:《满洲事变机密政略日志》,载山本秀夫《橘朴》。

此书虽出版于 10 月与石原等的会谈之后,但橘朴基于其对华认识而提出"满洲问题解决原则"却是在此之前,其内容由以下六条构成:

　　一、日本要有与列国协调、在某些情况下率先将中国从受约束的不对等关系中解放出来之准备。
　　二、满洲作为支那领土的一部分,当然也适用于第一项原则,只是不可损害日本在满洲的特殊地位。
　　三、日本未必要固执地要求支那及第三国全面、公开地承认其在满洲的特殊地位,但也要承认,吾人亦常有必要面向支那人及第三国人照会吾人所主张的特殊地位之原因及其内容。
　　四、作为特殊地位的一个要素——既得权益必须得到支那的承认。若因某些原因无望存续,不妨在协商的基础上废止抑或更改。
　　五、对条约中未约定的事实,只要有相当的历史与根基,且无碍社会康宁,须无条件或有条件予以承认。
　　六、由支那官厅、官吏及同类人员恣意的或有组织的、合法或非法的一切排日行动须予以取缔。①

橘朴自身所提出的在"日本国民立场视域下"之原则,是关切了日本的国家利益,并以之为前提,旨在解决满洲问题的原则。但在此原则之下,橘朴始终承认满洲是中国领土的一部分,而并未因

---

① 此处所引的六条原则,引自山本秀夫的《橘朴》。

日本在满洲的特殊地位而将满洲从其与中国的关系中割裂出去；而且他还指出，须在与中国对等的国家间关系中思考日本在满洲的特殊地位，日本有责任阐明其在满洲特殊地位形成的历史因由。尤其是，他还谈到有关既得权益事项有必要得到中国承认。这是橘朴自然会说出来的话，因为他相信中国终将完成国民革命、建立起近代国家，并且他要为实现这一可能性而始终以言论介入其中。在昭和6年（1931）这一时期，关于满洲问题，还无人立足于与中国对等的国家间关系、立场鲜明地提出解决问题的建言。当然，橘朴在此并未言及占领满蒙和满蒙独立。

关东军参谋石原等人当时正按照其军事构想推进一口气拿下满蒙之行动，在与之会面并听取了他们军事行动之动机、理由与目的之后，橘朴表示自己对满洲事变认识不足。而他在言论和实践层面干预稍后成立的"满洲国"也是始于此时。对此，橘朴自称为"转向"，人们则将其解释为他的"右倾化"。

二 何谓"转向"

在此番转向三年之后，橘朴写了一篇题为"满洲事变与我的转向"的文章。在该文起首处，他说：

> 满洲事变给了我转向的机会。很多朋友将此解释为我的右倾，我也没有什么理由反对这一解释，可是从我自己的立场上来看，可以将这一转向解释为我的一次思想进步，

同时也给我的社会观带来了一种安定感。①

对自己的"转向"被理解为"右倾化"一事，橘朴并不想反驳。即便与关东军中枢共有满洲事变之动机、目的，使其转向被人称作"右倾化"，他也甘受批判。但橘朴却表示其"转向"不只是政治立场上的"右倾化"修正，毋宁说更具有"一次思想进步"之意味，甚至给"我的社会观带来了一种安定感"。那么，既是橘朴的思想进步，又为其社会观带来安定感的"转向"指的是什么呢？

在转向三年之后写作的这篇文章里，他对关东军将校发动满洲事变的动机与目的背后的历史观、世界观、思想与理念，做了逐条说明。当然，这是事变三年后橘朴所归纳出来的，但这篇事后撰写的文章，更为清晰地呈现出究竟是什么为其"转向"带来了思想冲击。文章全文包含如下这五条：

一、此次行动是由关东军中坚将校主导的，高层毋宁说是其追随者。

二、中央统制力的内涵便是资本家政党的霸权，此次行动是志在反资本家、反政党的一股新兴势力发起的、对其暂时性的阻击。

三、如此的蕞尔小集团之所以能发挥出这般威力，是

---

① 《满洲事变与我的转向》，载《满洲评论》第7卷第6号，1934年8月。收入《大陆政策批判》（《橘朴著作集》第2卷），劲草书房，1966年。以下所引用的橘朴在《满洲评论》上的发言，都引自《大陆政策批判》（《橘朴著作集》第2卷）。

因为其背靠本国同志将校们组成的大集团;青年将校集团之所以能打破国军的刻板传统、表现出所谓下克上①的态度,是由于其背靠全国农民大众的热烈支持。

四、此次行动的直接目标是建设一个以东北四省为版图的独立国家,以其作为解放亚洲之基石,日本将对其绝对信赖,不仅会返还一切既得权益,更将给予其力所能及的援助。

五、与此同时,其意图在于:期待能够间接改造祖国,将勤劳大众从资本家政党的独裁及其压榨中解放出来,引导一种势力,使之能真正把日本建设成为解放亚洲之原动力的理想国家。

橘朴将发动满洲事变行动的"青年将校"②们之动机和意图记述为以上五项,并以当下的视角对其概括如下:"总之,他们(一)实现了一种全新的国民性、职业性的自觉;(二)在第三项表述的那种社会性基础上;(三)现在正拼命朝着第四、第五项目标勇往直前。这一事实与田中时代军阀的盲动有着天壤之别。"橘朴的这篇文章写作于昭和9年(1934),此时他已经历了"五一五事件"(昭和7年,1932),在这次事件中,革命行动集团的"青年将校"让国民印象深刻。橘朴的这篇文章列举了五项,并归结为三条,其主语或者说在理念上的行动主体,

---

① 下克上,即以下犯上。在日本,指身处低位者赶走身居高位者,夺取权力。此现象从南北朝开始变得突出起来,至战国时代发展到顶点。——译者注
② 橘朴归纳的这五条已清楚地表明,革新行动之主体是"青年将校"们。

便是这些"青年将校"们。昭和6年（1931），在奉天东拓楼上石原等人对橘朴所述说的那些有关满洲事变的行动理由和意图，被橘朴转换成表现了革新行动集团的"青年将校"们之存在的话。橘朴的"转向"，就是将满洲事变理解为他们发动的革新"日本与亚洲"之行动。

橘朴在其三条概括中，写下了他对"青年将校"们革新行动的再认识。他首先谈到了他们有超越了军阀意识的"国民性"自觉，另外，他们的行动决心建立在"社会性的基础上"。所谓的"社会性的基础"，意味着他们"反资本家、反政党"之志同时也获得了"全国农民大众的热烈支持"。他最后概括说，他们为实现"满洲独立"而发起的行动，旨在建设作为"亚洲解放之基石"的独立国家；同时也是改造祖国日本，以使之真正成为"解放亚洲之原动力"的行动。他以石原的话来理解"青年将校"们的行动，并据此自称对满洲事变认识不足，以至于决心"转向"。

在1931年于奉天会晤石原等人之前，橘朴是以中国为现场的。但这并不是从本国调来的记者将中国作为采访现场之意，而是说，作为一位言论家，他的生存方式是建立在以中国为现场的基础上的。此时，他的日本人身份，与其说意味着其国籍属性，不如说构成了身为言论家的他与其现场之间有效的距离感吧。至少在亚洲，日本人是建立近代化国家的先驱体验者。橘朴之所以能成为与中国近代国民革命同行的言论家，是由于他是有着亚洲近代国家之先驱体验的日本人。但日本人的身份非但没有限制他的写作，反倒构成了身处中国现场的同行观察家在言论活动上的有效立足点。在实感上，橘朴与现实的帝国主义国家日本之间的距离无疑要比其与中国之间的距离大得多。在以中国为现场的言论活动中，他从未站在"日本"一边。

橘朴"转向"了。在以中国为自己言论活动现场的橘朴那里，所谓的"转向"便是将其现场由中国转向"满洲"。

三 "满洲"这一现场

将自己所立足的现场由中国转向"满洲"，并不意味着要将中国的一个地区——东北四省作为新的现场，而是在政治和军事意志层面，为意图"建设一个以东北四省为版图的独立国家"（前述第四项）之日本背书。借此"转向"，橘朴才在自己的言论活动上成了"日本"的同党。他并不否认人们对其"转向"的"右倾化"批判，那无疑就是"右倾化"。他接受了批判，但却将这一"转向""解释为我思想的一次进步，同时也给我的社会观带来了一种安定感"。

说橘朴站在了"日本"一边，就是说他支持满洲事变。可这是在他将满洲事变的行动理解为"青年将校"们的革新行动后才做出的决定。因此说橘朴站在"日本"一边，换言之，就是他选择支持"革新的日本"，他决心为日本的革新行动——满洲事变背书。这是极其危险的决心。无论事变行动者们的动机与意图如何，它无疑就是帝国主义国家日本的一次行动。以行动者的动机和意图去理解满洲事变并与其共有立场，是对事变的一种理解方式。也正因这种理解方式，"满洲"成了他的现场。这的确是一种极其危险的决心和行动。与橘朴在革新性上有共鸣的事变行动者，是昭和初期日本的革新行动集团——"青年将校"，是1930年代在世界上已显在化的社会法西斯主义之日本形态。[1]而橘朴却硬要让自己与这个日本革新性的行动集团同流。作为亚洲革新基点的"满洲"也由此而登场了。

橘朴在"转向"一文的第四项中写道："此次行动的直接目标是建设一个以东北四省为版图的独立国家，以其作为解放亚洲之基石，日本将对其绝对信赖，不仅会返还一切既得权益，更将给予其力所能及的援助。"在此，他将"满洲国"建设视为"亚洲解放之基石"。按照一般的理解，"亚洲解放"即是将亚洲诸民族从欧洲的殖民统治中解放出来；然而，以建设"满洲国"为基础的"亚洲解放"，以及第五项中提出的与"日本改造"联动的"亚洲解放"却不仅仅是将亚洲从殖民统治中解放出来之意。橘朴说，他从关东军幕僚那里听到，满洲事变之初，"青年将校"们设想的"满洲国"建设方针包括如下几点：

一、拟从满洲开始指导日本改造。即便再困难，也要坚决从满洲排除金融资本及政党势力。

二、拟在满洲组织一个非资本主义的独裁政党，令其担当建设和领导国家之任。

三、独裁政党非但不是军部的爪牙，而且还将与日本及其之外的亚洲诸民族中陆续建立起来的诸多独裁政党相联系，成为亚洲解放这一重大运动的最高领导力量。

---

[1] 橘朴在满洲事变两年后的一篇文章中说道："不过，满洲事变已过去两年多了。其间，日本国内的政治局势风起云涌，与一部分自由主义者和马克思主义者的预期相反，以军部为中心的法西斯思想之影响加速地渗透进了国民大众的各个阶层。"（《日满一体关系以及今后的课题》，载《满洲评论》第5卷第23号，1933年12月）

"亚洲解放",意即将亚洲诸民族从国际金融资本主义以及代表其利益的政治势力中解放出来。因此,"满洲国"建设是"亚洲解放之基石",也是"日本改造"的原动力。

橘朴的"转向",就是站在"日本"一边。站在"日本"一边,便是将"满洲"作为其言论性思想活动的现场。以"满洲"为现场,橘朴成了一位"亚洲主义"者。在"转向"之前,他虽是"中国主义"者,却非"亚洲主义"者。他以"满洲"作为其思想活动现场的"转向",使其思想获得了"一次进步"。

四 何谓"亚洲主义"

在1931年"转向"之前,橘朴从未将中国的变革视为与日本改造性变革共时联动的对象,也不曾在其直面的中国对面,看到亚洲诸民族及其追求独立的运动。他不是"亚洲主义"者。但是,我在这里说1931年之前的橘朴不是"亚洲主义"者时,难道不是已经为"亚洲主义"下了某种定义了吗?确实如此。在此之前,我虽将橘朴说成是"中国主义"者,但将其称作"亚洲主义"者却是颇费踌躇的。竹内好说,在其编辑的《亚洲主义》一书中未采用橘朴之文,是因为没有从橘朴那里找到合适的文章。[①]这或许是竹内好不了解中国变革的同行者——评论家橘朴其人,也不

[①] 竹内好在《橘朴在日本思想史上的位置》(山本秀夫编《还原橘朴》)中说道,他"每篇文章的完成度都很低,流动性太强。结果是,人倒是一个巨大的存在,但其文却未能完整呈现其人。我深感橘朴先生野心虽大,而终未能表达出其万一"。竹内好不懂橘朴,也读不懂他的文章。

懂那些评论时势的文章之故吧。竹内好的理解暂且不论，在与他不同的意义上，我依然对能否称橘朴为"亚洲主义"者举棋不定。然而，这并不是说我在犹豫如何称呼橘朴的过程中，明白了何谓"亚洲主义"。毋宁说，正是由于我知道在1931年"转向"之前的橘朴不是"亚洲主义"者，才理解了什么是"亚洲主义"。

我在"转向"后的橘朴身上看到的"亚洲主义"，是指要将日本的变革与中国的变革、亚洲诸民族的变革予以共时性、联动性思考。因此，所谓"亚洲主义"是继承了维新精神，它延续了明治维新那种将日本变革视同亚洲变革之自觉，是要同时去变革日本和亚洲的意志和精神。这是与将明治维新理解为日本一国近代化变革之脱亚入欧论立场相反的。以"满洲"为现场，展现在橘朴眼前的是"亚洲主义"这"一次进步"的思想局面。

橘朴与满洲事变的执行者——关东军幕僚，以及被其视为同志的内地革新派行动群体——"青年将校"成了同伙。橘朴认识到这些人就是一个法西斯集团，同时也认识到，在1930年代的日本，只有这些人才是能得到大众支持的革新派行动者。成为这些人的同伙，并不意味着橘朴因此就成了法西斯主义者。他通过入伙，将"青年将校"们的革新战略拉到自己一方，并做了另一番解读。在"转向"一文中，橘朴说，他"反省之结果"是获得了新的"思想视域"：

> 反省的结果是，我将诀别自由主义与资本家民主主义，高举新的劳动者[①]民主主义——为满洲建国计，尤其是农民

[①] 日语作"勤劳者"，是农民、小工商业者、薪金制职工、体力劳动者等的总称。——译者注

民主主义——之旗帜,并对培养和宣扬这种主义兴致盎然。

橘朴放弃了那条为中国描绘的"资本家民主主义"式的近代化革命道路,却并未代之以走向法西斯独裁的国家革新道路,他要走的是"农民民主主义"道路。

五 "农民民主主义"

橘朴所说的"农民民主主义"听起来不太耳熟,但他将与之相对的、被其放弃的立场称为"资本家民主主义"。我们现在就从后者开始思考吧。橘朴曾将中国的近代化变革方向称作"资本家民主主义",此时,被其理解为与之对立的、否定性的方向是什么呢?是"资本家专制主义"还是"资本家官僚主义"?橘朴说中国社会之特殊性在于"处在封建社会与资本主义社会之间的官僚阶级社会"这一阶段,[①] 他认为若有人硬要说什么"亚洲式""中国式"的话,那就是中国一千多年来的"官僚阶级统治"。在展望中国前途时,橘朴所看到的噩梦也许就是近代中国建立起来的官僚资本主义国家。[②] 而他用"资本家民主主义"一词与其对抗,以此表述一种将中国建设为有着乡团自治社会基础的民众型资本主义国家之志向,不是吗?如此想来,在建设新国家满洲之际,橘朴进一步坚定了对乡团自治式农民社会基础的信念,试图把"农民民主主义",

---

① 橘朴:《支那社会的阶级》,载《支那社会研究》。
② "官僚资本主义"在现实意义上指的是,在右派国民党政府统治下的中国建立起来的资本主义。

也就是"农民自治"作为新国家建设的原则。

围绕"满洲国家"建设的政治理念，橘朴与蜡山政道之间爆发了一场关于"独裁还是民主"①的论争。"独裁还是民主"是竹内好在 1960 年代安保斗争最后的局面下所发出的檄文之标题，后藤新平麾下的新进官僚岸信介就摇摆在这两个词之间。在这里，我们且不谈通过岸信介所观察到的两者之历史暗合，先来看蜡山政道所谓的"独裁"指的是什么。他说，经济文化诸领域发达程度各异的诸民族要建设新的国家，可暂时保留各民族的公民权和参政权，该国的统治机构也"只能放弃民主制度，而实行独裁制"，这与现代世界不少发展中国家实行的"开发型独裁制"相似。对于蜡山提出的作为"权宜之计"的"独裁"，橘朴是如何反驳的呢？此事关乎"民族协和"的新国家——满洲之建设原理。橘朴认为，新国家满洲对内安定与否系于以下四项。（顺带提一下，橘朴在《满洲评论》陆续发表的文章基本都是状况论式的评论。但他的状况论是将状况视为自己思想、实践现场的评论，是包含了状况判断和方向提示之原理与原则的"思想性"文章。橘朴的状况论，前文已有若干引述，在内容上包括对相关问题逐条逐项的整理与提示。这些逐条逐项的整理绝非敷衍了事，它让我们了解到橘朴对状况出色而准确的判断。）

一、新的国家能保障且增进各民族成员的幸福吗？

二、能调和各民族相互之间的关系吗？

三、各民族之中，至少其中的统治阶级（例如中国人和满洲人中的乡绅及地主阶层，若是蒙古人则是封建统治

---

① 橘朴：《独裁还是民主》，《满洲评论》第 2 卷第 8 号，1932 年 2 月。

阶层）能放心参与到新国家的统治中来吗？

四、最后，就诸民族之间经济利害关系之调节而言，新国家要将保障农业社会的繁荣稳定作为经济政策的核心问题，同时，将规模较大的生产业、交通业及金融业国有化，以此促进农业社会之发展。同时，须预防其破坏者——私人资本主义之勃兴。

橘朴列举了新国家建设所要求的四要件，并表示在实现了第四项的基础上，蜡山所说的"独裁而高效的国家"或许会比民主制国家更具效能，但关于其他几项，独裁制则不及民主制。非但如此，他说，在这些问题上独裁制毋宁说还会带来"破坏作用"，"民主制中不可避免地伴随着效率低、见效慢等缺点，但却可以避免与独裁制相伴相生的、可怕的破坏作用"。

橘朴以与关东军幕僚同调的姿态参与到了新国家"满洲国"的建设中，但他所坚定抱持的新国家建设原则与关东军幕僚和行政府的新进官僚们的背道而驰。他将其称作与"独裁"相对的"民主"。橘朴所谓满洲新国家建设的民主主义原则包含"民族协和"和"农民自治"两个层面，他认为："满洲国的正当内容，就是民族协和与农民自治，其中最基本的是后者。"① 毫无疑问，他所说的"农民民主主义"指的就是"满洲国"建设的民主主义原则——"农民自治"。然而，将"农民自治"确立为基本国家原则的国家是怎样的？橘朴说，农民自治要在"农民占据主导地位的国家实行"，也

---

① 橘朴：《作为国家内容的农民自治》，载《满洲评论》第3卷第3号，1932年7月。

就是"农业国家"。他将"满洲国"界定为了"农业国家"。

六 "亚洲解放"的基础

橘朴为何要称"满洲国"为"农业国家"呢？他写过一篇值得关注的文章，题为"作为王道实践的自治"。[①] 文中描述说，王道要在"所有人的生活都能得到保障"的社会状态下实行，并且长久以来，中国人具有集体保障其生活的自治能力。这种集团性的自治正是"作为王道实践的自治"。他比较了西方人、中国人和日本人的自治能力，表示"西方人热爱自治且长于此道，中国人同样也天然具备这种能力，唯独日本人在这方面还甚为幼稚"。橘朴是以有着乡团自治这一高度自治传统的中国农民社会为前提来讨论"农业国家"满洲的。

> 以鄙见，中华民族爱好自治，又相当具备运用自治制度的能力。不消说，满洲是个近乎纯粹的农业社会，诞生于此的国家便是农业国家吧。农业国家倾向于分权，我们的新国家是以中华民族为主要组成部分的农业国家，因此当然必须是一个分权式的自治国家。

在此，我要补充一下橘朴对"自治"的定义。

[①] 橘朴：《作为王道实践的自治》，载《满洲评论》第 1 卷第 15 号，1931 年 12 月。

第七章 对橘朴而言，"满洲"意味着什么

> 所谓自治，消极地说，就是人民自以团体之力谋求生存之保障；积极地说，便是谋求增进其福祉。

橘朴在高度评价了中华民族自治能力的基础上，构想出了"王道"式"农业国家满洲"的理念。与此并行，又提出了与之匹配的另一个"农业国家"理念，那就是以"亚洲解放"为基础的"农业国家"理念。

> 农民社会或者农业社会几乎毫无例外地都隶属于工业社会或者工业国家，前者在后者无情的压榨下苟延残喘。为了将自己从这悲惨的命运中拯救出来，农民或者农业国家今后应该选择怎样的道路呢？如今，农业社会或者农业国家要让工业社会或者工业国家后退，唯有破坏掉他们发达的产业。所以，农民或者农业国家若要如前所述，不加破坏地与工业社会乃至工业国家相融合，要么就<u>以自身所自带的农民自治组织原理去改造后者</u>，不然，还是应该<u>选择一个在组织原理上与农民自治原理比较接近的工业社会乃至工业国家，并与之联盟</u>，以这种联合势力来解决遭受工业社会乃至工业国家压迫的难题吧。①

在这里，新建设的"农业国家"被放在与"工业国家"的关系之中论述。所谓"工业国家"指的是欧美先进工业国家，也指日本。农业国家一般被认为指在国家工业化进程中的发展中国家，但

---

① 橘朴：《作为国家内容的农民自治》，文中着重号为子安所加。

以"农民自治"为国家原则的"农业国家"却并非如此,这就出现了橘朴所说的与既成工业国家的关系问题。在此,他提出了"以自身所自带的农民自治组织原理去改造后者"的道路,这才是作为"亚洲解放"之基础的"农业国家"满洲应走的道路。

橘朴与关东军参谋以及"青年将校"们共有革新之计划,并亲身参与到了"满洲国"的建设中,这的确是一种危险的投企(project)。但通过勉为其难的加盟,他在思想上打开了新的视界。为"满洲"背书对他来说,就意味着满洲成了其思想实践的新现场。他发现满洲可以成为"亚洲解放"的基础。1930年代"转向"者的"亚洲主义"梦想是否应该被埋葬,取决于21世纪的我们能否在直面当前的亚洲问题文脉上阅读橘朴。至少,关于民众自治式的"亚洲再生"问题,我从橘朴那里受到了极大的启发。

第八章
对"事变"转机的斗士知性证言
——读尾崎秀实的"东亚协同体"论

> 盖"东亚协同体"论之出现,与其他同类理论不同之处在于,它认真地在支那事变的具体推进进程中发现了支那民族问题之意义,反过来又念及本国的重组问题。
>
> ——尾崎秀实:《"东亚协同体"的理念及其形成的客观基础》

一 "内面的尾崎"

我们在思考尾崎秀实时,绕不过"佐尔格事件"。无论是谈及尾崎的文章,还是解说其中国论的评论,多少都有从因"佐尔格事件"而被处死的尾崎之最终结局回顾其人生的解读痕迹。尾崎因秘密谍报活动被处死,这让我们从其外在的人生中寻见了一条隐秘的轨迹,那就是另一条被隐匿的"世界共产主义革命者"的轨迹。桥川文三曾透过中江丑吉谈及尾崎,后者是中江在北京所交游的为数不多的日本知交之一。关于中江的尾崎观之变化,桥川写道:

> 总之,从这里能感觉到,中江的态度是要将表情和姿势中带着某种"杀气"的尾崎从"心情舒畅的小男孩"这里驱逐出去。我想,这些最终都微妙地反映出与尾崎的

"佐尔格事件"及其相关著述活动的关联。①

关于中江对尾崎的态度变化,桥川从"佐尔格事件"这一结局为起点做了追忆式的、文学式的解读。桥川对带着"杀气"的尾崎之表情做出文学化描述,是从"佐尔格事件"这一结局开始的。以此方式理解尾崎者绝非桥川一人,大多数尾崎论皆然。他们将尾崎作为国际谍报组织在日本的有力的情报提供者、"国际间谍"来理解和接受作为其结局的"佐尔格事件"以及事件中的他。"国际间谍"尾崎是被隐匿的"内面的尾崎"。而"内面的尾崎"并不存在于1941年10月15日被逮捕之前的尾崎内部,毋宁说,是该事件创造出了"内面的尾崎"。"内面的尾崎"不单是指从事非法活动的共产主义者,而是说存在着另一位面对亲密的家人和朋友都隐藏了自己身份的尾崎。在1941年被捕那天之前,或者说此事公开之前,人们并不知道尾崎身体里还藏着另一个"内面的尾崎"。

尾崎在朝日新闻社的同事田中慎次郎(东京总社政治经济部长)在一篇题为"开战前的一个夜晚"②的文章中忆及尾崎被捕一周前见到他时的情形。田中说,那是在出席"聆听石原莞尔中将之会"活动的时候,当晚尾崎"似稍有倦意,与往日不同,对杂谈意兴阑珊"。但在此引述田中的话并非意在了解被逮捕一周前尾崎的情状,我所关注的是,田中说他与尾崎1926年同批进入朝日新

---

① 桥川文三:《尾崎秀实与中国》,《尾崎秀实著作集》第1卷"解说",劲草书房,1977年。
② 田中慎次郎:《开战前的一个夜晚》,《尾崎秀实著作集》第2卷"月报二",劲草书房,1977年。据说,田中最后一次见到尾崎的"开战前的一个夜晚",是在尾崎被检举的一周之前。

闻社，作为相处差不多 16 年的朋友，自己却并不了解尾崎的全貌，包括他以共产主义者身份所进行的实践活动。田中是通过现代史资料《佐尔格事件》[①]才对自己的朋友尾崎有了整体性的认识。"众所周知，作为共产主义者，他的实践仅限于谍报活动。但在社会各界、各阶层他的众多知友中，竟无一人知晓此事。可以说，我们眼前有一张眼睛所看不见的透明幕布，我们看不到幕的另一侧，而尾崎君却轻松自如地穿梭出入于幕布两侧。"（着重号为子安所加）田中说，自己通过 16 年的知交了解到的尾崎，只是半边脸的、可谓是"表面的尾崎"，但还有一个与此不同的"内面的尾崎"。通过《佐尔格事件》中收录的"审讯笔录"，田中才在心里将其表里合一，从而建立起了对尾崎的整体认识。但这不是咄咄怪事吗？

  身为政治部记者、活跃在情报搜集活动最前线的田中说，作为同事和朋友与尾崎相处的 16 年间，只看到了他的半边脸，难道不是很奇怪吗？这不外乎两种可能：要么是田中全无识人之明，要么就是尾崎乃天才谍报员之故。田中确实描述了一个从"外"而"内"、从"内"到"外"自由进出的尾崎，还表示尾崎的共产主义者身份仅体现在他的谍报活动中。如此说来，则田中所了解的尾崎便是非共产主义者的尾崎了。只有在谍报活动中才是共产主义者，这一点也很奇怪。根据检察官的"审讯笔录"，田中构建起了一个奇怪的尾崎形象。

[①] 《佐尔格事件 2》，现代史资料 2，美铃书房，1962 年。"佐尔格事件"关联资料中收录了关于尾崎秀实的内容。其"判决"等相关事项收在有关尾崎之转向的"呈报书"，以及检察官、推事等的"审讯笔录"中。书上附有编者小尾俊人所撰写的资料解说《历史中的"佐尔格事件"》。此书中所公开的资料与小尾的解说对战后至今尾崎形象之构建其功甚巨。

不过，田中所引述的"审讯笔录"也传递了另一个表里不一、双重人格、令人生疑的尾崎形象，这其中不仅有其作为谍报活动家的一面，也包含他身为优秀形势认知者的另一面。在接受检事①询问之际，尾崎是如此自我表白的。虽略有些长，兹引如下：

> 我本就是爱好社交的人，喜欢与人交往。与大多数人交往时，不仅不会无理由地厌烦他人，还是个对人很亲近的人。因此交际圈子不但很广，且常有相当的深度。我就可以从这些人中获得所谓谍报的来源。
>
> 我对于情报的态度是，不会去个别地搜集一个个的细小情报，最重要的是自己首先有一定的确定性见解，一个个具体的情报仅作为完成整体性事实判断和方向性判断的参考。因此我确信，与我交往的人绝不会觉得我在搜求情报。很多情况下我的感觉是，我已经搜集到一些看法或者情报性质的东西，毋宁说是对方从我这里打听些情报、看法和预测。②

读过此文，我想，我对以往人们所建构的双重人格式的尾崎形象之疑得到了解决。我自己在阅读日中战争时期尾崎的评论时，总会感受到一种诱惑，让我想到在评论时势的尾崎背后，站着一位有着战略透视眼光的尾崎。在阅读同时代的言论家——如蜡山政道和

---

① 检事，检察官的职务等级之一，检事长之下，副检事之上。也有时用作检察官的通称。——译者注
② "第26次检事审讯笔录"，田中的《开战前的一个夜晚》也引述了这些话。

三木清——时，我未曾感受到在尾崎身上所看到的双重化。我也被"佐尔格事件"的魔咒困住了。读了方才引述的"笔录"中尾崎的供述，我想还是只有一个尾崎，一个作为卓越的情报搜集者、解读者和解说者的尾崎。

二 尾崎的"名誉恢复"

尾崎秀实拉长了"佐尔格事件"。而今，人们依然从"佐尔格事件"开始解读他。而战后，尾崎的名誉真的恢复了吗？曾与他同在东京关押所的中西功认为实情并非如此。中西功因违反治安维持法和外患罪（因通敌带来外患之罪）而被判死刑，但战败后被无罪释放。他说："今天，看起来很不公平的是，就因为一点点时间之差，活下来的人就被无罪释放、恢复名誉；最不幸的是，对被执行了不当刑罚的尾崎，从一开始就没有采取任何积极恢复其名誉的措施。"①

1942年5月，日本司法省公开宣布尾崎等人的事件是"国际谍报团事件"。"佐尔格事件"被视为国际间谍事件，尾崎则被以为是个面目神秘不清的男人。但实际上，日本司法无法将尾崎作为向敌国泄露国家机密的、反国家性质的间谍予以追究和裁断。因为接受了佐尔格情报的苏联当时并非敌国，而是与日本缔结了中立条约（1941年4月）的对象国。并且，"日本不会发起对苏袭击"这条被认为是尾崎所送出的情报，虽说是因准确的情报分析者尾崎而

---

① 中西功：《尾崎秀实论》，刊载于《世界》（1969年4—6月）。我所读到的内容收入《回忆尾崎秀实》（尾崎秀树编，劲草书房，1979年）。

提高了精确度，但这基本上算不得机密。田中慎次郎与西园寺公一等人都是尾崎的情报交换者，或许这些情报是在尾崎那里得到了准确的判断、分析与综合吧。在第三审中，尾崎的辩护律师竹内金太郎审慎地解读了有关违反《国防保安法》《军机保护法》的三十六项，却并无一事关系到国家机密，他说："那些基本都是每天新闻上公布的内容，并非什么机密。"①因此，法院想以违反《治安维持法》对尾崎判以极刑。但竹内表示："以违反《治安维持法》之罪，无论怎么考虑都不值得判处死刑，顶多也就是处以若干体刑②的程度。"

现在，我要在缺乏充分的准备与能力的情况下，向导致了尾崎之死刑的"国际谍报团事件"及其判决表达异议。即便这异议被认为有些毛糙和粗野也无妨，因为在战时日本的国家权力推动下，将尾崎认定为"国际间谍"的暴力性断罪条文一直使其声誉蒙尘。试举一例。米谷匡史在《尾崎秀实时评集》③的"解说"中，尝试以新的方式解读尾崎。但在介绍尾崎其人时，米谷却是以"尾崎是有着各种不同面孔的特异之人"一言起笔的。他还写道："他是中国问题方向的记者和批评家，与昭和研究会和满铁调查部等调查研究机关有关联，后来成了近卫内阁智囊机构的政策起草者，也是协助共产国际、苏联和中国共产党进行谍报活动的间谍，是志在发动世界革命的阶级斗争战士和革命家。这些面孔相互关联，又彼此分裂，

---

① 竹内金太郎：《为尾崎秀实之裁决辩护》(《丁酉伦理》1947 年 9 月)，收入前引《回忆尾崎秀实》。
② 以加害肉体为内容的刑罚，有时也指自由刑。——译者注
③ 米谷匡史："解说"，《尾崎秀实时评集——日中战争时期的东亚》，东洋文库，平凡社，2004 年。

激起了读者各式各样的臆测。"即便是以读者心中既有的尾崎形象为前提，这样说也未免太过分了，战时国家权力给尾崎扣上"国际间谍"帽子的暴力界定在米谷的写作中被生吞活剥地套用了。因是生吞活剥了这一界定，尾崎遂被视为"有着各种不同面孔的特异之人"。因此，即便以新的读法解读尾崎的评论，也不可能为其恢复名誉，他依然是"国际间谍"。

中西功说，不应从"佐尔格事件"来理解尾崎，而应从尾崎一方来理解"佐尔格事件"。佐尔格、尾崎等事件相关者都长眠在多磨陵园，其墓碑上写着："这里长眠着反对战争、为世界和平献出了生命的勇士。"中西功说："这个墓志铭对佐尔格和尾崎活动的描述是最正确的。"要恢复尾崎的名誉，就要将其活动理解为"反对战争、为世界和平献出了生命"的勇士之举。当然，在战时思想统制之下，其活动恐怕也不得不采取多样化的形式吧。多样化的是尾崎的活动，而非其面孔。若"东亚协同体"论也是尾崎这一位反战勇士的活动，则日本的政治权力以死刑招待的就是反战勇士尾崎的活动。

我终于站在了讨论尾崎之"东亚协同体"论的起跑线上。

三 如何解读

战后出版的尾崎秀实论集中有一本《现代支那论》。此书是以我所激赏的尾崎名著——岩波新书版《现代支那论》（1939年5月版）为主体，在此基础上增加了论文《"东亚协同体"的理念及其形成的客观基础》、讨论会记录《东洋的社会构成与日支之未来》进行了再编，战后于1964年作为"中国新书"之一由劲草书房出版的。① 不过,《现代支那论》的卷末附有该书编者尾崎秀树撰写的《权作解说的记录》。在"解说"中尾崎秀树说,对昭和14年(1939)这一节点上其兄尾崎秀实关于"东亚新秩序建设"相关见解的正确理解,应该建立在对昭和17年(1942)3月东京关押所中检察官询问"笔录"之解读的基础上:

> 东亚新秩序的建设把支那民族运动这一应予以根本性解决和疏导的历史性课题交给了日本人。今天,以抗日民族战线运动之形态而出现的、略显畸形的支那民族运动,要求从根本上解决支那社会的半殖民地性和半封建性,摆脱长期的历史停滞性。支那民族运动的大乘②式解决,无疑须回应这一要求。

这是旧版《现代支那论》(岩波新书)最后一章"支那的改观"的最后一节。编者尾崎秀树说,要正确地或者说按照尾崎秀实的真意去理解其"东亚新秩序建设"之构想,就必须将其与"检察官审讯笔录"中对"世界变革"的预测对照着看:

> 不消说,东亚新秩序社会当然应该是世界新秩序社会的一环。因此,世界新秩序之实现方向与东亚新秩序的形

---

① 劲草书房版的《现代支那论》除这些之外,还登载了风见章的《尾崎秀实评传——写给殉教者的挽歌》,被认为是编者的尾崎秀树为其撰写了"解题"。
② 大乘,出自梵语,大运载工具之意。指极其重视救济他人,引导众人觉悟,乃大乘佛教赞美本派教法的用语。——译者注

态当然不能相互矛盾。(第 20 次审讯笔录)

在引述这一段"审讯笔录"的基础上,编者交代说,这里所说的"世界新秩序"与"世界变革"是作为同义词使用的。也就是说,编者尾崎秀树认为,从"检察官审讯笔录"中可以看出共产主义者尾崎秀实对"第二次世界大战必定会发展为世界变革"之预测深信不疑,我们须循着这一旨趣去理解尾崎的"东亚新秩序"论之真意。而这究竟又是何意呢?这不就是让我们循着 1942 年"检察官审讯笔录"中的"世界革命"论预想去理解 1939 年尾崎秀实的"东亚协同体"论之意吗?

或许编者尾崎秀树是打算以此读法,拯救确信"世界革命"前景的共产主义者——其兄秀实。但这种读法是错的,结果只能是从"佐尔格事件"解读尾崎。不仅如此,从方法论的意义上来说,这是对历史性言论的错误解读方式。1939 年时评性言论的意味,应放到 1939 年的历史状况和文脉中去探求,若以其在 1942 年遭到暴力拘留这一否定性条件下的发言去理解其意,那无论在方法论上还是在思想上都是错误的。尾崎秀树想为其兄秀实洗脱污名,结果却把"国际间谍"尾崎的问题拖延到了战后。

如此阅读尾崎"东亚协同体"论的不止尾崎秀树一个人。竹内好在其主编的《亚洲主义》[①]中收入了尾崎的论文《"东亚协同体"的理念及其形成的客观基础》。但这篇论文之后附载了《检事审讯笔录·尾崎秀实》,在这份材料的起首处,竹内好写了这样一

---

① 竹内好编:《亚洲主义》(现代日本思想大系 9),筑摩书房,1963 年。

段但书[①]:"我从篇幅庞大的审讯笔录中,选出了作为间谍事件之被告的思想问答部分,这与前面的论文是表里互补的关系。"(着重号为子安所加)或许,竹内好是以"审讯笔录"中的"世界革命"论来理解尾崎的"东亚共同体"论的始作俑者,他的解读明显是将尾崎区分为了"表"与"里"两个部分。米谷匡史也蹈袭了这种读法,作为参考资料,他在其编辑的《尾崎秀实时评集》中收入了《关于"东亚新秩序社会"》和《对国体的思考》(均为审讯笔录)。

将1939年尾崎的"东亚共同体"论视为其"表层"的评论,这种解读方式在思想和方法论上都是错的。我虽已站在解读尾崎"东亚协同体"论的起跑线上,但却要调整姿势、重新出发,但这是必要的调整。

四 战争过程的转机

《"东亚协同体"的理念及其形成的客观基础》是作为昭和14年(1939)1月《中央公论》的头条论文刊出的。本期杂志大力强调"新年特大号",并将昭和14年(1939)伊始视为日中战争中对日本有着特殊意味的开端。该期卷首语《我们的昭和14年》中说:

> 过去一年半是我们的陆海军将士建立赫赫战功的时代,他们日后也必会续写战功。以武汉会战为分水岭,支那事变在军事上已度过了最危险的阶段。尽管也不是没有值得

[①] 但书,即附在正文后用以补充正文意思或指出例外的文章。——译者注

攻陷的城市，但无奈都没有武汉三镇这般重要的政治、经济和军事地位。就这样，我们即将挥别昭和13年。因此，祈愿我们即将迎来的昭和14年不再是军人之年，而是政治家、文化人建立不逊于军人之功勋的一年。①

面向昭和14年，"卷首语"的作者带着深切的期许写下了这段话。希望昭和14年"不再是军人之年"，作者对时势转折之期盼已深切到不吐不快的地步。"卷首语"更告诉了我们，正是前一年秋天的武汉三镇攻略战让作者期待着时势发生转折。作者说，以此次会战为分水岭，"支那事变在军事上已度过了最危险的阶段"。在当时言论界和知识界，不知有多少人会如此认知时势。② 至少可以确认，尾崎秀实就是主导这种情势认知的人吧。尾崎的论文《"东亚协同体"的理念及其形成的客观基础》无疑是将"卷首语"作为绪论登在杂志卷首的。尾崎写作此文并刊载于这一期，明显有着推动日中战争之时局发生转折的意图和意味。

但"东亚协同体"是作为当前情势下"新秩序"的实

---

① 卷首语：《我们的昭和14年》，《中央公论》1939年1月号，中央公论社。着重号为子安所加。
② 在被言论界、出版界的重大镇压事件——所谓"横滨事件"[从昭和17年（1942）直至终战]压制之前，反抗性的言论一直强韧地存在着。尾崎的评论即为一例，石川达三的小说则是另一例。这一期的《中央公论》将尾崎的评论刊于卷首，还刊登了石川达三的《武汉作战》。石川的小说《活着的士兵》招来了笔祸，在进行了一番反省之后，他改变了写法，在作品中表示要告诉读者"战争的广度、深度和复杂程度"。

现手段而出现的,它无疑是在日支事变过程中出现的历史性产物。/事变之初自不待言,在南京陷落甚至徐州战前,这个词恐怕都还不是现实问题。/而今,在战争迎来第三个年头时,我们却带着实感说到了它。

尾崎说,"东亚协同体"是"日支事变过程中出现的历史性产物",而要读出尾崎这里所说的"历史性产物"之含义却并非易事。"东亚协同体"在何种意义上是日中战争进程中出现的产物,这与我们如何去认识在华战争进程中的哪些要素有关。何谓这个意义上的"历史性产物"容后再议,在这里我要思考的是,战争进程中的何种阶段要求建立起"东亚协同体"论这一状况论意义上的"历史性产物"。这就要求我们理解日中战争中昭和13年(1938)春到昭和14年这一时期的意义。尾崎明确指出,在徐州会战前"东亚协同体"一词尚未成为现实问题。

徐州作战始于昭和13年(1938)4月。大本营在作战结果明了之前,放弃了不扩大作战范围的方针,提出了攻占武汉和广东的积极方针。据说,作战中大本营的意图是,"就在此际,一举占领中原要冲武汉,使蒋介石政权沦落为'局部政权',另外夺取广州以切断外援之路,这样就有了解决日中战争之可能"。[①] 他们也在赌一种可能性,即从昭和13年(1938)4月的徐州作战,到接下来8月的武汉作战将成为日中战争的分水岭或使战争走向终结。不过尾崎在讨论从徐州会战到武汉会战之推进及其结果时,同时也论

---

① 古屋哲夫:《日中战争》,岩波新书,1985年。关于日中战争的进程,我从古屋的分析中受教甚多。

及了军事事态的发展。① 关于汉口攻略战之意义，尾崎认为：

> 总之，攻陷汉口事实上迫使日支战争中支那方面的抗战态势发生了质变。此外，从日本方面来看，以汉口战为顶点，大体上完成了一个清晰分明的体制-体系，我们可以由此发现不同于以往的意义。
>
> 总之，日本方面将从这新生的"体系"中发现约束自身行为的大致界限。这便是最大的意义所在。（《汉口战后会出现什么》）

我想，尾崎在此以建立"体制-体系"的说法，要表达的是日本要以汉口攻略战为其在华军事行动划定界限之意。他说："就像我们翻来覆去说过的那样，我认为武汉会战将大致决定这一'体系'的轮廓。"尾崎认为，日本在华军事作战通过武汉会战完成了一个"体制-体系"，这就为"日支事变"这一战争进程带来了转机。换句话说，他认为以政治力量代替军事力量介入时局并终结事变的时机已经到来。他还在其他文章中谈道："期待将军事行动推进到极限，并使其结果转变为政治上的效果。"（《长期战之下的诸问题》）尾崎以其出色的形势判断，认为日本的军事作战已建立起一个"体制-体系"的当下，正是应该发挥日本政治主动权的、不

---

① 这就是构成尾崎《现代支那批判》（中央公论社，1938年）第二章的相关论文。此处所引的《汉口战后会出现什么》（1938年9月）一文就是该书第二章的末尾。

可错过的时机。①

以上我要说的是，尾崎是以形势论的视点，将"东亚协同体"理解为"在日支事变过程中出现的历史性产物"的。尾崎的思考或许形势论色彩过重，但其可取之处在于，身处世界大战一触即发的复杂而紧迫的国际、国内形势之中，能以批判性分析能力展开兼具广度和高度的形势论思考。所谓有批判性分析能力的形势论，就是有着一定的思想方向性的形势论，它是思想战斗者的武器，也是武器的提供者。因此，尾崎的"东亚协同体"论，是以强调日中战争进程之转机的形势论所进行的思想斗争和政治斗争。

五 "东亚新秩序"与"东亚协同体"

尾崎说，"东亚协同体"是日中战争进程中出现的"历史性产物"，但在此之前，他还说过，"作为当前情势下'新秩序'的实现手段而出现"的便是"东亚协同体"。这种说法告诉我们，尾崎并非"东亚协同体"主题理论的阐扬者。在中国战事已迎来第三年春天的当下，他要讨论的是被当作东亚"新秩序"的实现手段而阐扬开来的"东亚协同体"理念之意味。因此，由于尾崎所宣扬的"东亚协同体"论与其中国论一样具有形势论特征，所以绝非对"东亚协同体"主题理论的宣传。将尾崎与蜡山政道、三木清等人一道视为"东亚协同体"论者之一员，这是对尾崎评论的误读。对于尾崎

---

① 古屋认为"武汉会战和广东会战结束的 1938 年 11 月这一阶段，是战争全面化以来，日本的战争指挥者们对前景最为乐观的时期"。(《日中战争》)

而言，所谓"东亚协同体"，只要是蜡山所提示的内容[①]即可。那么，尾崎所谓以"东亚协同体"为实现手段的"东亚新秩序"所指的又是什么呢？

确立"东亚新秩序"的说法，出现在日本政府向中国——包括领导中国始终保持抗战姿态的国民党政府在内——发出的近卫首相第二次声明，也就是《东亚新秩序声明》中。该声明发表于昭和13年（1938）11月3日。声明称，"帝国所期求者即建设确保东亚永久和平的新秩序。这次征战之最后目的，亦在于此"，并修正了"不以国民政府为对手"的第一次声明（1938年1月16日），表示"如果国民政府抛弃以前的一贯政策，更换人事组织，取得新生的成果，参加新秩序的建设，我方并不予以拒绝"。[②]这是为当时推动拥立国民党副总裁汪兆铭以结束战争的相关工作所做的准备。12月，汪兆铭脱离重庆，近卫发表第三次声明，谋求推动和平工作。声明中说："要与支那同感忧虑、胸有卓识之士合作，迈向东亚新秩序之建设……日满支三国应以建设东亚新秩序为共同目标而联合起来，共谋实现相互善邻友好、共同防共和经济合作。"第三次声明着眼于东亚战后复兴的"新秩序"建设，进一步提出了更为成熟的方案。声明是以文言作结的，文曰："日本当然要尊重支那的主

---

① 蜡山政道是近卫智囊机构昭和研究会的核心人物，也是"东亚协同体"理论执笔者中的代表性人物。蜡山的"东亚协同体"理论与近卫首相的"东亚新秩序声明"同时发表于昭和13年（1938）11月的《改造》杂志上。尾崎在举出蜡山的同时，还提到了山崎清纯的"东亚协同体"论。

② 译文引自复旦大学历史系日本史组编译：《日本帝国主义对外侵略史料选编（1931—1945）》，上海人民出版社，1975年3月，第276—277页。——译者注

权,且将不吝主动考虑实现支那独立所必需的治外法权撤销和租界返还事宜。"

尾崎视"东亚协同体"为其实现手段的"新秩序"指的就是这些内容,换句话说,就是作为日中战争结束后东亚区域的战后复兴而进行的新兴区域世界的建构。"东亚协同体"论便是对其进行的、新的结构充实和理论强固。与其他"东亚协同体"论者所不同的、同时也是当今研究者们未曾发现的,是尾崎看待"东亚新秩序"和"东亚协同体"时所取的面向日中战争之终结的、可谓具有战略性的视点。要弄清这一点,只有深入思考尾崎所谓"东亚协同体""已是解决事变的方策中不可或缺的重点"之深意。尾崎在"东亚协同体"一文的开头,对广播中详解近卫"新秩序"声明的讲演内容说明如下:

> 我们应尤为关注的是,这"东亚协同体"的理念是从可谓日本应对事变的根本方略中产生的。也就是说,"东亚协同体"已是解决事变的方策中不可或缺的重点。

六 为什么是"东亚协同体"

"东亚协同体"为什么"已是解决事变的方策中不可或缺的重点",尾崎自己在关于"东亚协同体"的那篇论文文末给出了答案:"想来,'东亚协同体'论的出现与其他同一系统理论所不同之处在于其认真——在支那事变的具体进程中,因意识到了支那民族问题之意义,转而考虑到本国的再组织问题。"尾崎说:"东亚协同体"论之形成源于对日中战争发展进程中中国"民族问题"之重大意义的认识，因此，"东亚协同体"就成了事变处理方策中的重点。如果说，对中国"民族问题"的再认识是此论形成的最深层次原因，那么，尾崎所谓"东亚协同体"乃日中战争进程中的"历史性产物"一说，其答案还存在于中国的"民族问题"之中。

中国的"民族问题"，是与战争进程不可分割的动态性问题。在战争过程中，中国的"民族问题"无处不在，且绝不可能以战争解决，毋宁说这正是战争本身所滋生和放大了的问题。这一问题，"在抗日统一战线的基础——国共两党之合作中可以发现，在今日获得了日本的支持而建国的新政权首脑层面及其百姓之间也能看到"。尾崎还说，此乃"日本单纯依靠武力在地域层面从中国腹地划割出新政权领地的方式所丝毫无法解决"的问题。这是非常危险的说法，已点出了近卫的"新秩序"声明所依仗的汪兆铭政权在"民族问题"上的无能。中国的"民族问题"根深蒂固，借尾崎的话说：

> 例如在媾和问题之类的事情上，今天即便对支那有着强大压制能力的英美恐怕也不能强迫其媾和。支那经济实力贫弱，政治体制不完善，军队低劣而软弱，却好歹撑到了今天，其谜底实则在于民族问题。这不仅是国家层面的问题，让人头疼的游击战士自不待言，所有政治势力，从拒绝合作、只知面朝黄土背朝天的农夫到街头流浪少年，民族问题以各种形式出现，无处不在。

这几乎是日中战争时期唯一论及中国"民族问题"之强、之深、之大的文章。中国的"民族问题"就是如此之重大、如此严峻。而日中战争却使"民族问题"变得愈发严峻,这场战争在军事上的转机出现在了1938年,此时近卫稍稍掌握了解决事变的政治主动权。日本政府表现出要以建立在民族协和基础上的"东亚新秩序"建设方案来终结事变的意图。所谓"东亚协同体"是一种"东亚新秩序"的理念,也是其实现方略。尾崎将"东亚协同体"视为日中战争进程中的必然性产物,他告诉我们,只有正面面对因战事之发展而严峻化了的"民族问题",才能结束事变。"东亚协同体"论之出现,正是建立在对"民族问题"严重性之认识的基础上的。但尽管如此,与重大的"民族问题"相比,"东亚协同体"论则显得微不足道。尾崎以愤慨的口吻说:"我们自己应该认识到,与民族问题相比,'东亚协同体'论是多么惨不忍睹、微不足道。"微不足道的是什么呢?是与中国的民族问题相比,我方并不具备"东亚协同体"论要求具备的器量。所谓器量,是指完全承认中国以民族自立实现国家复兴并能对其予以支持的日本应有之器量。

诚如尾崎所言,"真实的'东亚协同体'若无支那民族心甘情愿的积极参与便无法建立"。那么,如何才能让中国民族积极参与呢?其前提必须是主导建立"东亚新秩序"的日本自身能获得中国的信赖。要成为值得信赖的国家,日本必须进行自我变革。"东亚新秩序"是要求日本自身进行变革和重组。

不得不说,要完成在大陆推进的复兴建设大业,日本现在能发挥的全部能力尚不值得完全信赖。我们认为,日本的政治和经济绝对有必要对照这一目的进行重组。而若以"东亚协同体"的方式为基准,或许就有必要从这一角度对日本国民进行重组。

在"东亚协同体"一文的结尾,尾崎说:"'东亚协同体'是否真能解决东亚的苦闷,与能否得到支那所谓'先忧后乐'之士的协力、成为解决民族问题之方策,以及能否在日本国内实施变革、获得国民对'协同体论'的理解和支持之事实有关。"

尾崎的"东亚协同体"论,是将武汉会战后这一时期视为重要转机的尾崎为结束事变而提出的最大限度的建言。所谓"最大限度",所指的既是事态艰难至极,亦指言论管制严峻至极。

身处极限之中的尾崎,警告我们中国的"民族问题"严峻而重大。他告诉我们,包括这一问题在内,事变的解决最终取决于日本的国家与国民能否实现自我革新。而这是唯有以尾崎的斗士知性和认真、诚实的心性方能提出的建言。

第九章
昭和（事变／战争）时期"东方式社会"的理论结构
——读森谷克己的"东方式社会之理论"

> 此次事变／战争应为"东方"带来适当的革新，并最终建立起东亚诸民族的新秩序；为此，人们必须有足够切合实际的、根本性的东方认识。
>
> ——森谷克己：《东方式生活圈》

一 "东方式社会之理论"

我给本章加了个副标题——"读森谷克己的'东方式社会之理论'"，但这并不是说森谷有与此同名的著作。准确地说，森谷克己是魏特夫[①]著作《东方式社会之理论》[②]的译者之一。但森谷著有一本《亚洲式生产方式论》[③]，他是魏特夫的《东方式社会之理论》

---

① 魏特夫（1896—1988），美国经济史学家，生于德国，1934年流亡美国。他认为大规模的灌溉导致了官僚体制的发生，并阐述水利社会相关理论。著有《东方式社会之理论》等。——译者注
② 魏特夫：《东方式社会之理论》，森谷克己、平野义太郎编译，日本评论社，1939年。森谷负责该书第一编《东方式社会之理论》和第二编《支那经济史的诸基础及诸理论》的翻译。
③ 森谷克己：《亚洲式生产方式论》，育生社，1937年。

第九章　昭和（事变/战争）时期"东方式社会"的理论结构

的译者和介绍者，也是昭和 10 年代"事变/战争"时期[1]，在有关"东方式（亚洲式）"社会理论之构成的讨论中最为积极的发言者。在这个意义上，本章将"读森谷克己的'东方式社会之理论'"确定为副标题。而且，森谷有关"东方式社会"的评论，也与其战时"大东亚生活圈"相关论述一同被收入《东方式生活圈》[2]。

再者，这一时期的讨论，对"东方式"（oriental）和"亚洲式"几乎是不加区别地使用的，两者都是根据欧洲东方主义建构起的非欧洲式地域概念。"亚洲式生产方式"（die asiatische Produktionsweise）、"东方式社会"（die orientalische Gesellschaft）这类德系社会科学用语在 1920、1930 年代被介绍到日本，用于在理论上重构以中国为中心的、在区域经济社会或政治社会层面具有一定特质的区域概念。在这里，"东方式"因"东方式社会"这一译语而成为主流用语，但也并未定于一尊。

十年前，我在刊载于杂志《环》的同名论文[3]中，曾讨论过一次森谷"东方式社会的认识"问题。就如收录了该文的《如何讲述"亚洲"——近代日本的东方主义》之副标题所呈现的那样，此文讨论了近代日本的马克思主义一脉社会科学之亚洲认识、中国认识是如何在言论层面建构"亚洲"的，但却无意在此基础上追问昭

---

[1] 我仿照森谷的说法，将昭和 10 年代"日华事变"直至太平洋战争结束的这一时期，称作"事变/战争"时期。

[2] 森谷克己:《东方式生活圈》，育生社，1942 年。该书版权页标明初版印数为 4000 册，由此可知此书的出版是顺应时代潮流的。

[3] 子安宣邦:《东方式社会的认识》，载《环》第 7 号，2001 年秋季号，藤原书店。此文也收入《如何讲述"亚洲"——近代日本的东方主义》（藤原书店，2003 年）。

和 10 年代日本的"东方式（亚洲式）社会"理论建构之意义。走过了战后 50 年，20 世纪末期，"亚洲""东亚"从战后式禁忌中解放出来，作为积极性的评论课题再次出现在言论界、出版界，书店的书架上充斥着有关亚洲、中国的书籍也始于这一时期。我也从这一时期开始在近代日本的话语结构上追问起"亚洲"之于吾人的意义。① 光阴荏苒，十年过后我要再次讨论森谷的"东方式社会的理论"。那么，这十年意味着什么呢？

从个人史的意义上来说，我在探索 21 世纪的"亚洲主义"② 之同时，形成了总成于《何谓"现代的超克"》③ 一书中的看法，以及将现代中国视为正在建构后期资本主义式世界的超级大国之认识，也是与赋予中国以特权性的、战后日本的"人民中国"式中国认知相诀别的见解。同时作为日本的言论家，通过直面现代中国的政治状况，我也由此重新叩问何谓中国革命以及中国共产党的人民统治是何等情状。

从脱离个人史的一般理论史视角而言，这十年是魏特夫的"东方式"国家论、社会论的现代意义在日本被重新审视的十年。围绕

---

① 《如何讲述"亚洲"》的各章节连载于《环》(2001 年冬季号至 2003 年冬季号各期)。
② 在《何谓"现代的超克"》一书的最后一章，我谈道："针对现代世界——在全球范围内破坏人类生存条件的同时，借助发展与战争用自己的一元化文明同化多元化文明的现代世界——的霸权文明及其制度体系，从亚洲出发持续地说 No，持续怀有改变那种文明及其制度体系的意愿。"(译文参见子安宣邦著，董炳月译：《何谓"现代的超克"》，生活·读书·新知三联书店，2018 年，第 207—208 页。——译者注)
③ 子安宣邦：《何谓"现代的超克"》，青土社，2008 年。本书中各章连载于《现代思想》2007 年 4 月号至 2008 年 3 月号各期。

对魏特夫之再评价，尽管汤浅赳男和石井知章[①]二人付出了努力，但若不能在日本建构起对魏特夫"东方式社会论"进行现代史批判分析所要求的一般性视点，那就意味着，很多知识分子依然一直带着"冷战"时期避讳和抹杀魏特夫之"东方专制主义"的左翼式思考。当我们正面面对现代中国的政治社会状况，重新理解中国共产党及其革命时，魏特夫的"东方式社会论""东方专制主义论"便是最佳导引。

如此一来，再度重读昭和战前至战争时期的"东方式社会理论"便成了我的研究课题。

二 昭和的"东洋式社会"

森谷克己（1904—1964）是我的岳父。在他晚年的几年中，也就是从冈山大学调入武藏野大学之后，我得以与他近距离接触。他辞世后，我为其整理遗稿、制作年谱时，了解到他在京城帝大时代[②]

[①] 汤浅赳男翻译出版了魏特夫的《东方专制主义》（*Oriental Despotism*）（新评论，1991年），并以《"东方专制主义"的当下意义——重返魏特夫》（新评论，2007年）一文面向世人叩问魏特夫的当下意义。石井知章出版了《K.A.魏特夫的东方式社会论》（社会评论社，2008年），他致力于魏特夫之再评价，并敦促人们关注魏特夫对20世纪俄国革命、中国革命及其结果——苏联和"人民中国"的政治社会之批判性分析的重大意义。另外，石井最近刚有一本书——《中国革命论的原理转变——以K.A.魏特夫的"亚洲式复古"为中心》付梓。

[②] 昭和2年（1927），森谷克己以法学部助教的身份赴任京城帝国大学，并在两年后成为副教授。京城帝大与台北帝大对于昭和时期日本帝国学术言论之形成都有着重要意义。森谷关于中国、朝鲜的经济社会史研究就是在那里进行的。当时的京城帝大，文科领域有语言学的小林英夫、国语学的时枝诚记和民族学的泉靖一等人。

丰厚的著述之后，颇为震惊。森谷克己是"亚洲式生产方式论""东方式社会论"论者，他曾经就像时代的宠儿，但我是在其亡故以后才了解到这些的。实际上我所看到的，是在战后不得志的境遇中工作到退休的学者身影。对当时的我而言，他在战后不得志的境遇，结合战前、战时的"亚洲式生产方式论""东方式社会论"等论题以及"魏特夫"的名字，构成了他难以追问的过往。如前所述，直到20世纪末，我终于想尝试做些思考。光阴荏苒，那时距其辞世已有三十年了。在那之后的十年里，我要重新思考的是为什么在那段时期他要讨论"东方"问题，并围绕"东方式社会"问题进行理论构建。

昭和10年代，系统地回应民众对"日华事变"①这一时代议题之关切的讲座书籍——《亚洲问题讲座》②（全12卷）出版。在其第6卷《经济·产业篇（三）》中，森谷以《亚洲式生产方式论》③为题写了一篇解说文。文章开头，他以自我提问的方式，谈及在《亚洲式生产方式论》这一命题下应该回应哪些问题：

> 现在我的问题是，从社会的经济进程来看，我们是否能够承认在亚洲抑或东方，发展出了在社会进程诸结构上与在西方发展起来的奴隶社会和封建社会存在着本质区别

---

① 日本习惯将"珍珠港事变"以前的中国抗日战争称为所谓的"支那事变"或所谓的"日华事变"，原因是当时日本帝国并未和中华民国相互正式宣战，因此"技术上"并非一场战争。——译者注

② 《亚洲问题讲座》全12卷从昭和14年（1939）至翌年由创元社出版，是由"政治·军事""经济·产业""社会·习俗""思想·文化""民族·历史"等为主题出版的多卷本"亚洲问题"讲座。

③ 森谷克己：《亚洲式生产方式论》，《亚洲问题讲座》第6卷，1939年6月刊。

的、故而让人认为应建立起与西方不同的另一大社会系统的有特点的经济形态?

森谷在此对何谓"亚洲式生产方式"之问提出了自己的想法。他认为存在一个与构成了西方社会阶段性发展的"奴隶社会"和"封建社会"等相区别的"另一大社会系统"——"东方式社会"体系。而若存在"东方式社会"这般体系,不就存在着与之相应的"亚洲式生产方式"吗?他说,所谓"亚洲式生产方式"就是适用于"东方式社会"、能使之成其为"东方式社会"的生产方式。这是以魏特夫式的"亚洲式生产方式论"展开方式回应生产方式之问。所谓魏特夫式的展开方式,就是以马克斯·韦伯的经济社会史建构的东方式国家形态——专制式、官僚式国家形态来重构"东方式"国家社会体系。魏氏写道,这种国家社会体系中不可回避的亚洲式经济结构便是灌溉农业体系。森谷为《亚洲问题讲座》撰写了《亚洲式生产方式论》(刊于第6卷),同时还写过一篇题为"亚洲式国家形态与亚洲式社会组织"(刊于第9卷)的文章。我想通过森谷自撰的这些解说文字,提示出他以魏特夫式的展开方式所建构的"东方式社会"形象。①

但我在此试图根据森谷的这些解说文字观察"东方式社会"的

---

① 要提出森谷塑造的"东方式社会"形象,根据他的著作《亚洲式生产方式论》及其与平野义太郎编译的《东方式社会之理论》来谈或为正途,但既然森谷已有合适的解说,从我们要概略性提示的目的而言,我想或许依据这些解说较为妥当。除此之外,森谷还担任"亚洲式生产方式论"的解说,例如《支那问题词典》(中央公论社,1942)这一"大项目主义"式词典的第一章"亚洲式生产方式"就是由森谷担纲的。

构成,所依据的并非仅仅是理论构建者自身撰写的、简洁的解说文字。因为这篇发表于1939年的文章,是以在苏联亚洲地区经济社会前史——"亚洲式生产方式"之进程已然消失这一情况为前提写作的。森谷说,承认中国发展出了"亚洲式生产方式""东方式社会"的东方学家马扎亚尔在其著作《支那农业经济论》(1928年初版)的第二版(1931年)①中一改其说,"以至于将目前处于解体状态的原有经济形式,或现今支那社会中可以看到的初期资本主义诸遗制以封建式或半封建式名之"。不消说,马扎亚尔对其著作的改订是遭到斯大林和苏联共产党批判的结果。这么说是因为无论是森谷等人翻译魏特夫的《东方社会之理论》,还是森谷为《亚洲问题讲座》所撰写的文章,其前提都是苏共和中共已从其战略课题中删除"亚洲式"的表述、写进了"封建式"的内容。那么,基于这一事态,森谷们在"日华事变"时期,对中国共产党"反抗帝国主义和封建主义的双重压迫"②的战斗是有所知晓还是故作不知,又想如何对"东方式"进行理论重构呢?

三 "东方式社会"与"封建社会"

在《亚洲式生产方式论》中,森谷将魏特夫分类论述了的"东方式社会"特质简要归纳如下:

---

① 马扎亚尔的《支那农业经济论》第二版(1930年;该书年份疑有误——编者)是由井上照丸翻译的。
② 《中国革命与中国共产党》(1939年12月),《毛泽东选集》(第4卷),三一书房,1956年。

第九章　昭和（事变/战争）时期"东方式社会"的理论结构

魏特夫承认，东方历史背景中的社会进程结构与西方之间存在着本质上的差异。他指出，封建社会的"本质性社会关系"是农奴与封建领主之间的关系。与此相对，特殊的"东方式社会"——日本曾不属此列——的本质性社会关系，是"被村落化地限制起来的或者自由的农民，与绝对化的皇帝及官僚"之间的关系。另外，与西方的分权式封建国家相对，"东方"的国家秩序是"中央集权式的绝对主义官僚国家"。

作为与"西方"本质上不同的存在，以社会科学式理论被建构起来的"东方"就是这般模样。昭和日本的马克思主义一脉的学者们积极接受魏特夫的原因，正在于他们要以20世纪当时的社会科学话语重新构建和表述"东方"。而且，以中国为典型案例，以社会科学的话语表述"东方式社会"，是为了回应帝国日本经营"事变"下之中国的认识论诉求。

魏特夫将"东方式社会"建构为与西方"封建社会"不同并与之相对的社会。森谷引述魏特夫的论述，把"东方"（Orient）的本质性社会关系予以类型化，将其表述为"被村落化地限制起来的或者自由的农民，与绝对化的皇帝及官僚"所构成的社会关系。这遵循了魏特夫在《东方式社会之理论》之第一编第二章"原则性分析的尝试"中对世界经济社会的各类发展的类型化表述。在这里，Ⅰ"东方式社会"是与Ⅱ"封建主义社会"和Ⅲ"奴隶经济社会"进行了相对化、类别化的区分，并以表格的形式呈现了出来。[①] 在

---

① 魏特夫《东方式社会之理论》第一编"东方式社会的理论"第二章"原则性分析的尝试"中提到的第二个表格。

这张表格中,"东方"式社会的本质性关系被认为是"被村落化限制起来的或者自由的农民,与绝对国王及官僚(负责记录者、僧侣、行政官吏、武官)"构成的关系,这是与"农奴、封建领主"所构成的"封建社会"相对的。他将前者所建立的国家秩序称作"中央集权式的绝对主义官僚国家",而将后者定位为分权式封建国家。就像森谷所解说的那样:"魏特夫承认东方式社会是本质性的官僚制度社会,无论是在生产组织、社会组织还是在国家层面上,都是与封建主义不同的。"魏氏在西方"封建式"社会关系的对立面提出了东方"亚洲式(东方式)"的社会关系,而绝不认同将二者混为一谈的做法。即便中国社会中存在与封建社会类似的社会现象,他也只将其视作"似是而非的封建式",绝不将其认定为"封建式"。魏特夫说,日本是东方唯一实现了"封建社会"的国家,从而使非"东方式"的近代化成为可能。或许可以说,这一理论表述了日本非"东方式"近代化的成功和中国等国"东方式社会"的持续停滞,的确是20世纪式近代的"东方"论。

"官僚制度社会"使"东方式社会"有了"东方式"特征,那么,又是什么推动了"官僚制度社会"之形成呢?森谷将其概括如下:

> 他承认,"东方式"社会,其国家秩序是在东方灌溉农业以及必要的大规模治水基础上形成的,此二者乃"东方式社会之理论"的轴心。

> 另外魏特夫认为,最关键的是,在东方跨区域、大规模的必要性治水不容许发展封建主义,这就必然会形成官

僚制度社会。换言之，在东方尤其是大陆，那些要面对治水问题的国家，同时又从天文历法中获取了特别重大的意义，此二者共同为国家创造了"集权性的经济职能"。于是，那些国家就逐渐形成了中央集权制的官僚主义秩序。

前文提到，魏特夫认为被视为"东方式"社会者，其本质是"官僚制度社会"。在这里，他表示，"东方式"社会的形成是以灌溉农业和大规模治水事业为基础的。而治水事业为国家创造了"集权性的经济职能"。他说，如此一来，所谓"东方式社会"便是"包含着灌溉和河防两方面治水课题之社会"。灌溉农业、大规模治水事业要求国家具有集权性经济职能，这样就建立起了具有中央集权化官僚主义秩序的"东方式"国家。魏特夫提出的"东方式"概念，让日本人认识到"东方"是灌溉农业的世界，同时使其再次确认了在这东方式世界中日本的特殊性。日本不会出现大陆所要求的、跨区域范围的大规模治水。森谷效仿魏特夫的说法表示："因此，在这一点上，日本没有创造出服务于国家政府的'集权性的经济职能'，也不存在妨碍国土封土化的因素。尽管日本与其他东方国家同样，也发展灌溉农业，但却未进而形成'东方式社会'，而是最终发展成为成熟的、'真正的封建社会'。"

魏特夫的"东方式社会论"，的确为昭和时期的日本人提示出了超越地理意义的、政治性、经济性和社会性的"东方"概念。在昭和14年（1939）"日华事变"时期的日本，"东方式社会之理论"读者甚众，也是当时的流行学说。这一学说确实对中国的近代化何以蹉跌于起点并陷入了负面的停滞状态，给予了历史结构主义式的说明，也解释了在亚洲何以仅有日本成功地走上了近代化道路。但"东方盟主"日本借此"东方式社会之理论"表述的"东方"能够成立吗?

四 "东方式社会"与"村落共同体"

旗田巍的《中国村落与共同体理论》①因在方法论上对以日本战前、战时的"村落共同体"为前提的中国理解、中国研究做了反省式的探讨,而获得了高度赞赏。旗田在此书中举出了与森谷同为魏特夫介绍者和翻译者的平野义太郎之"中国的村落共同体论",在序章中他说道:

> 昭和初年,亚洲式生产方式和东方式专制主义因与中国革命之关联而备受瞩目,自那以来,村落共同体就在新的意义上被提了出来,它被视为东方专制主义抑或亚洲式停滞的基础。当时"水的理论"备受推崇,与之同步,"共同体理论"也被认为是理解亚洲社会、中国社会的关键。②

旗田的论文写于战后的1966年,也就是日本历史学家和社会学家对魏特夫评价最差的时期,这也是旗田使用"水的理论"这一揶揄式说法的原因。战后日本的历史学家、社会学家们并未在本质上认真对待魏特夫提出的问题——东方专制主义、官僚主义的问

---

① 旗田巍:《中国村落与共同体理论》,岩波书店,1973年。此书提出的问题是下一章的课题。
② 旗田巍:《中国村落与共同体理论》,第三章"中国村落研究的方法——以平野·戒能论争为中心"。

题。然而，我并不是为了讨论这个而引述旗田的话。毋宁说我所关注的问题点是，"共同体理论"与"水的理论"一同被视为理解中国社会之关键。旗田认为，魏特夫的"东方式社会之理论"是理解亚洲社会、中国社会更深层基础的"共同体理论"。他说："村落共同体在此被视为东方专制主义抑或亚洲式停滞的基础。"但魏特夫的"东方式社会之理论"所要求的是"共同体理论"吗？"东方式共同体理论"难道不是魏特夫的"东方式社会论"在日本的重构吗？

森谷认为，"东方式社会"是将"父权家长制家族"作为社会构成之原基和基本特色的（《亚洲式国家形态与亚洲式社会结构》[①]）。只要是这样，就依然没有摆脱魏特夫的"东方式社会之理论"。但在森谷说"东方式社会——毋宁说是在因红毛[②]帝国主义入寇而变样之前的——也是因顽强地保存了村落协同体而独具特色"，"村落式统制的重要功能让东方式社会独具特征"之时，难道不该说，这已经走上了"东洋式社会"的日本重构之路吗？

> 构成社会基础的被统治阶级、庶民被限制在这种村落协同体中，向统治阶层的官僚纳税并承担保安上的连带责任。与此相对，就像国王作为全体人民之家长受到敬仰一样，官僚作为其治下人民的家长而行使权力。他在专制面前当然没有权势，加之原本就频繁更换，但其对治下人民

[①] 森谷克己：《亚洲式国家形态与亚洲式社会结构》，载《亚洲问题讲座》（第9卷），1939年9月。

[②] 红毛人乃江户时期对荷兰人的称呼，后以此泛指西洋人。——译者注

的家长权是巨大的。他违法侵占土地人民，掠夺本应流入国库的租调，并以此充实了自己的腰包。从这个意义上来说，可以说官僚自身就有着浓重的封建性质。（着重号为子安所加）

村落协同体能得以顽强保存，一般而言，便是以租调征收和保安因素为基础的。只要得以保存，它就必定是独自孤立封闭的。而且，全国被划分出许多此类村落，农民们将其视作小宇宙而不外出。只要他们被无知和迷信所笼罩，便无法产生创造性能量。这种状态就为东方式专制提供了条件。

这是森谷《亚洲式国家形态与亚洲式社会结构》的最后一段话。在这里，作者以论述家父权对上自官僚机构下至村落协同体的全社会支配统制，讨论了被视为"亚洲式"的中央集权式官僚主义统治的影响如何延伸到了社会基层的问题，结论是："村落协同体的高度保存"方为"东方式专制"得以续存的条件。我认为，这是森谷以修正性论述完成了"东方式社会"的日本化。即使森谷硬是在官僚统治中确认和强调了魏特夫所未曾认可的"封建性质"，这也被认为是对魏氏理论的修正性论述。旗田指出，"村落共同体在此被视为东方专制主义抑或亚洲式停滞的基础"，将这一说法视作日本修正版的"东方式社会"论也可谓是正确的见解。

魏特夫的"东方式社会"从社会的枢轴到基层层面使社会的反复更新成为可能，并以支撑社会延续的父权家长统治，修正性地增写了以其统治而形成的"村落协同体"，建立起昭和事变（战争）时期的"东方式社会"论。由于"东方式社会"的基层存在着

"村落协同体",有关"东方"的论述便须从基层也就是一直存在的"村落协同体"重新开始。在《东方式生活圈》(1942)中森谷说:"之所以感觉东亚社会原本便是与西方不同,具有协同社会性质,是由于毕竟在东亚,父权家长制家族、宗族制度以及村落协同体等从古至今顽强地保存了下来。"此时,被置于"西方"对立面的"东方"就已不是以专制和停滞所表述的东方了,而是有其独特文化价值、志在革新的"东方"了。此时,"村落协同体"也被重新解读为自立的亚洲民族生活基础。[1] 森谷克己和平野义太郎等日本的魏特夫介绍者们在"事变"(战争)时期所追寻的道路,就是讨论"东亚""村落协同体"社会的持续存在,使得"东亚协同体"论述成为可能。[2]

---

[1] 下一章我们会谈到战争时期将"村落协同体"理解为中国社会的基层这一重新解读中所存在的问题。
[2] 请参考森谷克己的《东方式生活圈》;平野义太郎的《大亚洲主义的历史基础》,河出书房,1945年。

第十章
读出中国的"村落共同体"
——读平野义太郎的《大亚洲主义的历史基础》

> 这种生活秩序会规范村民,只要绅董保持、农民尊奉这规范意识之中心,支那的村人就还会有乡土式共同生活的意识,将村庄组织为生活共同体。
>
> ——平野义太郎:《大亚洲主义的历史基础》

一 《大亚洲主义的历史基础》

昭和18年(1943)11月,"大东亚会议"在东京召开。《日本史辞典》解释说,这是在太平洋战争末期,"为强化占领地区的协力体制而在东京召开的会议"。处于日本势力范围之下的泰国、菲律宾和缅甸诸国代表,以及"满洲国"、中国南京国民政府、自由印度临时政府代表出席了会议。会议发布的共同宣言称,"大东亚各国应相互提携,完成大东亚战争,将大东亚从美英的桎梏下解放出来,并保全其自存自立",以期推动世界和平体制之确立。同年2月,以瓜达尔卡纳尔岛撤退为分水岭,日军在太平洋战区完全转入守势。9月,日本将自千岛群岛直至小笠原、硫磺岛、塞班岛、新几内亚西部、苏门答腊、缅甸的区域设定为绝对国防圈。"大东亚会议"就是在太平洋战争的这一时期召开的,会议只是徒劳地将"大东亚战争"的理念——"大东亚共荣圈"之确立留在了共同宣言上。我在此硬要提到"大东亚会议",是因为想到了平野义太郎的著作《大亚洲主义的历史基础》。

昭和20年(1945)6月,平野的《大亚洲主义的历史基础》由河出书房出版,书中提出了这样的问题:"构筑包括日满华三国的东亚、包括南洋的大东亚,甚至包含印度在内的东方诸民族联合团结、驱逐侵略东方之英美的大亚洲一体化基础之轨道何处可觅?"① 当时,东京等日本主要城市已被满载着燃烧弹、从塞班岛基地起飞的B29战机狂轰滥炸,化为灰烬。应该说,平野此书之出版,较之"大东亚会议"的召开更为徒劳,就像将"大东亚共荣圈"这一战争理念的记忆定格在了废墟中一般。我手头的这本《大亚洲主义的历史基础》是作者签赠松本重治的书,书上有平野亲笔写下的寄赠时间——"昭和20年11月"。由此观之,此书或许是在战败后送到众人手里的。若是这样,可以更明显地看出,此书乃"大东亚共荣圈"理念声名狼藉后的"负面"纪念碑。

《大亚洲主义的历史基础》是由以下内容构成的:第一编"以日华联合为基础的大亚洲主义政治规则",第二编"作为支那社会基底的乡党及其自治",第三编"支那社会研究"和第四编"欧美学者的支那研究"。宏观地看,此书是由第一部和第二部构成的,前者是对根据孙文的"大亚洲主义"提出的"大东亚共荣圈"之理念化产物——"大亚洲主义"进行的历史重构,后者则要在中国社会的基底捕捉到"村落共同体"。若从《大亚洲主义的历史基础》

---

① 平野义太郎:《大亚洲主义的历史基础》。我手头的这本书是油印版,版权页写着"昭和20年6月20日初版发行(2000部)"。

的书名思考该书的内容构成,则第二部赋予了第一部的"大亚洲主义"历史理念以社会性基础。在第二编第一章"支那乡土社会的社会经济结构"的开头部分,平野说:

> 为了大亚洲主义的政治、经济、文化发展,必须将其构筑在东方共通的客观社会基础之上。而东方社会之基底是乡土共同体。大亚洲主义也无非就是东方民族乡土观念的扩充。

显而易见,本书在结构上将"村落共同体"论视为"大亚洲主义"理念的亚洲社会基础。在此,平野所谓的"乡土共同体"是再造的概念,据他交代,其依据在于橘朴将中国所谓的"乡党"称为"乡土社会"。平野所说的"乡土共同体",其核心是"村落共同体"。他确信并主张中国社会的基底一直存在着"村落共同体"。不过这一主张的背后,潜含着试图在中国社会发现"大亚洲主义"理念社会基础中最重要因素之志。然而,平野"大亚洲主义"的亚洲观和"村落共同体"式的中国社会观,其主从表里关系却并不分明。战后,旗田巍在评论平野的"村落共同体"论时称:"平野始终在追寻中国村落的共同体属性,并为此倾注了今天看来可谓是异样的热情。那是因为当时平野亚洲观的基础就在于此,与此同时,他也曾构想过以此为基础进行亚洲建设。"[①] 旗田认为,平野对亚洲强烈的目的性,将其导向了对中国社会的基层——"村落共同体"

---

① 旗田巍:《中国村落与共同体理论》。我在写作此书时,旗田的这本书让我颇受教益。

之热情探究。情况或许的确如此，但现在读来，我认为在宏观上由两部分构成的这本书中，有平野对中国基层社会非常强烈的、法社会学式的分析兴趣；同时，也有"大亚洲主义"式的、意识形态化的兴趣。平野可能是从橘朴"将东方社会的本质归结为共同体"的东方社会论①中受到了强烈启发，将"大亚洲主义"论和"村落共同体"论都归结为《大亚洲主义的历史基础》这一"大东亚共荣圈"理念的晚期表述。

我现在硬是将平野的"大亚洲主义"论与"村落共同体"论两大论述当作其思想起点，是因为"村落共同体"论乃平野的"大亚洲主义"论之基础，换言之，他认为"大东亚共荣圈"这一大东亚战争政治理念的基础是"亚洲式乡土共同体"。对于这一主张，我想脱离平野的思想、学问之谱系中的"转向论"文脉，从其"村落共同体"论中发现其由来，②想将其视为在1940年代初期（亦即日中战争时期）日本学者、研究者们所提出的"作为中国社会基础之

---

① 橘朴的东方社会论是在其所谓"转向"后的昭和15年（1940）前后提出的，他将共同体视为东方社会的本质。有关他在这一立场下所提出的日本社会改造论《国体论序说》[《中央公论》昭和16年（1941）7月号]，请参考我的《日本民族主义解读》（白泽社，2007年）。另外，橘朴在以其东方社会论为主题举办的座谈会（"东方的社会构成与日支之未来"）上详细地讲述了他的共同社会论。那次座谈会的出席者有细川嘉六、平野义太郎和尾崎秀实[《中央公论》昭和15年（1940）7月号]。

② 武藤秀太郎的《平野义太郎的大亚洲主义论——中国华北农村习俗调查及其家族观的转变》（《亚洲研究》49-4，2003年10月）是追溯平野之学问、思想演进脉络的力作。但就如其标题所呈现的那样，这项工作将平野为大东亚战争鸣锣开道的"大亚洲主义"主张归因于其"家族观的转变"，变成了一种"转向论"式的讨论。

农村"论中的一种重要论述。

二 "中国（华北）农村习俗调查"

"中国（华北）农村习俗调查"，是指 1940 年至 1944 年，以东亚研究所[①]的中国习俗调查委员会为主体，满铁调查部的习俗班调查员赴现场调查这种双方合作的形式，在华北日军控制地区的农村展开的习俗调查。东亚研究所的调查委员包括末弘严太郎率领的平野义太郎、仁井田陞、福岛正夫、戒能通孝等东京帝大法学部的相关人士。参与现场调查的满铁调查部的习俗班则由杉之原舜一（主任）、旗田巍、佐野利一、内田智雄、小沼正等人组成。调查之际，为了把握华北村落的一般特征，他们选定了六个治安状况相对较好的村落。调查于昭和 15 年（1940）开始实施，调查报告被送到东亚研究所的调查委员会，再由委员会进行研讨。[②] 另外，东亚研究所的末弘、平野等委员曾因要与满铁调查员事前磋商顺带视察之故，于 1940 年 8 月去过当地。平野也曾在 8、9 月之间乘飞机鸟瞰了华北至华中地区的上海、苏州、南京等地之村落。

帝国日本为了经营中国台湾和朝鲜的殖民地，一直做着所谓的"旧俗调查"工作，即"台湾旧俗调查"和"朝鲜旧俗调查"。曾指示和领导实施"台湾旧俗调查"的民政长官后藤新平就任满铁总裁

---

① 东亚研究所设立于昭和 13 年（1938）9 月，是企划院的外围团体，也是日本的国策调查和研究机构。

② 调查一直延续到战局激化的 1944 年，前后历时 3 年多，调查成果汇总为 123 册的《北支农村习俗资料》，发行量很小。战后重新附上了"解说""索引"等，由岩波书店出版了《中国农村习俗调查》全 6 卷（1952—1958 年）。

后，就在满铁设立了调查部，"满洲旧俗调查"①便是由该调查部实施的。这些调查都旨在为日本统治地区的立法和行政工作提供参考资料。1940年实施的"北支农村习俗调查"无疑也是以为华北统治地区的立法和行政工作提供资料为目的而策划的。由末弘等法学家组成的东亚研究所调查委员会也以此为旨归开展工作。但据说末弘拒绝仅仅为占领行政提供资料而进行调查工作，而试图将调查拉回到学术调查层面。他将调查委员会的目的确立为对构成中国社会生活诸种关系并使之规律化的"生存之法"或社会规范予以精确把握，参照中国社会固有的传统进行探讨。②而且，现场调查的领导者杉之原舜一也非常致力于贯彻纯学术的立场。③由于这些调查实施者的抵抗和努力，工作取得了超越原定政治目标的成果。所谓成果，指的是这份首次以法社会学的方法，对1940年中国农村社会遗存的习俗和法意识进行实地调研而形成的学术调查报告。

　　1927年初，毛泽东关于湖南农民运动的考察报告脱稿。与其说这是"依靠农民，建立农村革命根据地"这一毛泽东革命理论初期阶段的形态，毋宁说，这是一份为其革命确立了决定性方向的考察报告。在注意到毛泽东领导的农民运动之同时，还应看到在探求拯救中国贫穷农民、实现农村复兴革新之路的日本人橘朴。他自1922年在青岛北部农村进行经济调查以来，独自实施过数次中国

---

① 一般认为，"满洲旧俗调查"是满铁因自身的土地征用等事之需而进行的调查。
② 引自内山雅生的《〈中国农村习俗调查〉与中国农民》（"岩波讲座"《近代日本与殖民地》第4卷，1993年）。
③ 旗田巍：《回忆"中国农村习俗调查"》，引自旗田巍的《中国村落与共同体理论》。

农村调查。包括阶级分析在内，毛泽东的湖南农村调查是为农民运动而写作、具有革命战略意义的调查和分析，橘朴的先驱性调查则为我们带来了关注中国农村社会的中国社会研究成果（《支那社会研究》，1933），而把包括解体中的中国农民旧俗的集体性实态问题，留给了后来者有组织的调查。

从中国农村土地问题、村落意识、家族关系到习俗庆典和祭祀活动，"中国（华北）农村习俗调查"是首次厘清了农村鲜活的法社会学实态的、有组织的调查。因此，东京的调查委员和现场调查员都带着极高的期待和极大的抱负参与了调查。从前文所列调查委员、调查员们的名字也可看出，其中有不少马克思主义的法学家、经济史学家和社会科学家。在日本的社会科学式的认识论工作已被禁止的情况下，昭和15年（1940）在中国（华北）农村进行的这次调查给他们提供了用武之地。事后忆及调查当时的情形，旗田说："在我的经历里，那么热烈的讨论是空前绝后的。尽管都是些专业和经历不同的人，但彼此都畅所欲言、坦诚交流，情形壮观。"① 由于这是初次对中国社会基底的农村进行的有组织的实地调查，这让调查员们愈加兴奋。中国的社会和国家应如何界定？中国社会的结构性质不就存在于其基层部分——村落社会中吗？调查者们带着亢奋之情对中国社会的基底——村落展开了学术调查。

三 平野·戒能论争

"中国（华北）农村习俗调查"的调查报告（汇总的数据）被送

---

① 旗田巍：《回忆"中国农村习俗调查"》。

到了东亚研究所，调查委员们对报告资料进行了解读。通过解读工作，浮现出来的核心问题是中国社会认识的根本性问题——"中国有可称之为村落共同体的存在吗"，"如果有，那是何种性质的共同体"。旗田巍基于身为满铁调查员的切身调查体验，辅以在战后时点上所进行的思想性、方法论的反省，回顾了这次调查，并对其意义进行了再探讨，同时也对调查资料进行了新的解读。① 这时，他对战前、战时的解读工作和成果之回顾，及其赋予解读工作的意义和性质等问题，都是在平野与戒能通孝之间你来我往的讨论（"平野·戒能论争"）中逐渐清晰化了的。论争是围绕中国的"村落共同体"性质问题展开的。旗田对"平野·戒能论争"的整理与解说都极为珍贵，据此我们可以把握他们对中国农村、农民问题的理解脉络。

平野首先根据旗田对河北省顺义县沙井村的调查报告资料，讨论了"会"这一村民自然的"生活协同态"。② 村里除了"村长"以外，还有召集"公会"的首事人——"会首"。根据这些聚落性概念，平野说道：

> 会首召集村民协商议事的公会，乃是自然村落的自治机构。公会虽自前清时代起便一直存在，但自古以来，它都不是由政府组织的，而只是自然部落的自治机构。与根据县政府的命令形成的保甲制、邻间制以及国家行政组织单位——行政村所不同的是，会首的"公会"背靠的是自

---

① 旗田巍的《中国村落与共同体理论》，特别是第三章"中国村落研究的方法"。
② 平野对资料的解读于昭和 16 年（1941）以"会·会首·村长"为题发表于《支那习俗调查汇报》，此文后来收入了《大亚洲主义的历史基础》第二编。

然生活协同态——"会"。唯有这个"会",才是村民自然的生活协同态。这个会无外乎就是以庙为中心,因地理和历史因素自然发展起来的村民的自然聚落。①

平野还对"聚落"做了一般化的表述:

一般而言,聚落是以镇守的庙神为中心,并有着自身生活秩序组织的生活协同态;它是独立的个体,人们占据一片开阔的土地,热爱农田的居民在这片土地上过着社会性协同生活。无论是散居者还是聚居者,都必定有其生活秩序的中心和组织。②

就是这样,平野依据"中国(华北)农村习俗调查"资料在中国社会的基底发现了村民"生活协同态"——聚落(村),他说:"支那的村人还是有着乡土式的共同意识,并将村子组织成了一种生活协同态。"

同为调查委员的戒能通孝对平野提出的村民自然形成的"生活协同态"——"中国村落"论进行了猛烈的驳斥。在公开发表的《支那土地法习俗序说》中,戒能对平野推导出这一结论的资料解读方式提出了异议。昭和 17 年(1942),此文首次以铅字印刷品的形式发行,其后又被收入《支那农村习俗调查报告书》第一辑(昭

---

① 平野义太郎:《大亚洲主义的历史基础》第二编第二章第四节"会·会首·村长"。
② 同上书,第二编第二章第二节"聚落的形态"。

和18年,1943)和戒能的著作《法律社会学的诸问题》(同年出版,日本评论社)中。但战后,戒能却未让此书再版。我们可以从旗田的解说中了解戒能反驳平野之概略,但我仍想直接去读戒能的报告书,并为之多方搜求,最后总算在国会图书馆了解到该报告收入了《戒能通孝著作集》[①]第4卷,而得以一览为快。最初我怀疑身为外行,能否读懂这份法社会学的分析报告书,而实际拿到报告书后,我却是带着兴奋之情饶有兴味地读下来的。

我了解到,戒能对调查数据的法社会学分析,是以调查数据为文本的法社会学式解释工作。我一直称此类工作为"解读"。所谓"解读",便是从调查资料中读出"华北农村"的意味,亦即何谓"华北农村"。如此看来,这项工作与我们思想史家围绕历史文本所进行的解释工作没什么两样。明白了这一点,即便从"华北农村"这同一种文本中读出两种彼此对立的意思也不必大惊小怪,这在思想史的世界中是司空见惯之事。然而,解读出的两种答案——对何谓"华北农村"两种相反的解答——本身,对我们而言却有着重要的意义。现在就让我们从戒能的解读中撷取两例,试观其意:

(1)沙井村农民口述资料——"你若成为一家之长,不觉得田地和房子都是先祖遗物不可减少吗?""谁都不想变卖财产,大家都想着要买。""你说的不想减少财产,是指哪种意义上的不想减少?""卖了就少了,就成要饭

[①] 戒能通孝:《支那土地法习俗序说——北支农村的土地所有权及其具体性质》,载《戒能通孝著作集》(第4卷),日本评论社,1977年。

的了。"

戒能的解读——"说支那农村习俗上的土地所有权形式上属于所有者的个人权，……就意味着它在更为内在的精神层面上成为所有者的自由财产。在这一点上，支那人家产观念的薄弱性恐怕是不容否认的"。

（2）沙井村佃农口述资料——"地主若喊你去帮忙，你就得去吗？""不去也行，但关系都很好，也就去了。"……"那时，主家有吉凶之事，佃农有去帮忙的习俗吗？""没有，可以不去，喊你，你就去。"

戒能的解读——"在支那农村习俗上的佃农关系，并非是人法意义上的、身份法意义上的支配关系，当然另外必须承认，佃农并非所谓的'水吞'①。这确实又会让我们相信，可以推定，那里并不存在日本或者德国等国农村中可以见到的、从属于高持本百姓②、农场主③

---

① 水吞，即"水吞百姓"之略称，即贫穷百姓之意。日本江户时代对无土地小农的蔑称，指租地耕地或出外打短工、充当雇工的人。——译者注
② 高持本百姓，是"本百姓"的别名。本百姓，即基本百姓。日本江户时代登记在土地册中的、拥有农民股份（日语称为"百姓株"）并承担地租及各种劳役的农民阶层。初期限定为上层农民，中期以后指拥有土地和房屋、缴纳地租的村落基本构成人员。——译者注
③ バウアー（Bauer）：中世纪向东方进行殖民过程中最早移民的一批农民阶层。他们是"村落共同体"中最古老的成员，拥有着最肥沃的土地。他们的土地所有权，在17—18世纪受领主禁止驱逐农民及分割农场等条例的保护。——译者注

等意义上的'水吞'或者底层移民①之类的观念"。(着重号为子安所加)

戒能通过对调查资料的解读，提出在中国农村习俗上的土地所有权有着个人权的性质，并否定了在中国以家产、族产或村里的公产为前提，家族、同族乃至村落中存在"一个综合性实有人性质"的看法。此外，例（2）表明，在华北农村看不到日本村落中那种与主人之间存在着封建从属关系的佃农。戒能的解读犀利地指出了一般人心中含糊的中国农村认识中所存在的谬误。他认为，"支那的农村家族生活，并非建立在严格意义上的血族协同体原理之上，而是建立在其解体的基础上"，中国同族村落是由分散的个别村民之利益社会②（利益集团）关系构成的。他对平野将中国村落描述为共同体社会③式"生活协同态"的形象持否定态度，并提出了一个与之相反的村落形象。

---

① ビュドナー（Büdner）是指17世纪，特别是18世纪时，在德国联邦君主实施的人口增长政策之下的一类底层移民。他们之前的バウアー和コッセーテ（Kossäte，在Bauer以后移民进来，只获得了稍差些的农田）等人占据了农田，所以他们不拥有田地，拥有的仅仅是小屋和小院子。而仅有的家畜，也必须向共同体支付一定的放牧金（Weidegeld），才能在共有地上进行放牧。他们其中大半为日租佣工、手工业劳动者，或者士兵。——译者注
② 利益社会（Gesellschaft），又译法理社会。德国社会学家滕尼斯提出的人类社会类型，为大都市中常见的、建立在相互利害关系基础上的社会结合。——译者注
③ 共同体社会（Gemeinschaft），德国社会学家滕尼斯提出的人类社会类型。如家族、村落等由亲情和理解结合而成的社会。——译者注

我认为，支那的所谓同族村落之结构，是一种血缘协同体的家族式、亲族式协同体精神解体之后产生的所谓利益社会关系。一般而言，利益社会关系在本质上是主从关系，如此看来，同族村落不过是一种主从关系结构，我们只能如此理解。①

　　对于平野将"会"理解为"村民的自然生活协同态"之说，戒能无法照单全收。他将原因归结为："既将其视为生活协同态，就须有协同生活之人构成的集团。但现阶段还不可能发现有这种性质的居民集团存在。"

　　在《大亚洲主义的历史基础》第二编"作为支那社会基底的乡党及其自治"中，平野的几篇论文就是在批判戒能的基础之上撰写出来的。平野比较了中日两国的村落，他承认"通过共同生产，有组织地推动村落抑或村落联盟紧密化的凝聚力是很薄弱的"，但认为"不能据此就得出北支的农村，更不必说一般意义上的支那村庄'并非生活协同态'"，抑或"支那没有村庄意识"之类的结论，只不过其在形态上与日本村庄不同而已，"既然聚落自身就有生活秩序的中心和组织，那便不失为生活协同态"。在中国的村庄与日本封建社会孕育出的村庄不同这一点上，平野虽然接受了戒能的批判，但他依然坚持认为，中国的村庄作为村民协同生活的纽带存在于村民的意识中，并作为一种习俗而存在着。

---

① "利益社会式的支配"，以戒能的另一种说法表述，即为"利益集团式的支配关系"。（ヘルシャフトゲビルデ，即德语 Herrschaft gebilde，主从关系结构之意。——译者注）

四　平野·戒能论争的战后回响

对于发生在 1940 年代前期、从日中战争走向太平洋战争时期，日本的这场围绕中国社会基底——村落之性质而发生的认识论论争，我们应该如何认识呢？解说"平野·戒能论争"的旗田以总结的形式评论了戒能对平野的批判：

> 戒能仅仅是否定了中国村落的共同体属性，却未在此之上做进一步的探究。在这一点上，正与热衷于追究中国村落之共同体关系的平野形成了鲜明的对照。实际上，对当时的戒能而言，有此足矣。从反对大亚洲主义、提倡近代市民主义的立场来说，只需否定大亚洲主义的理论依据——中国的共同体即可。这样，大亚洲主义的主要依据便土崩瓦解了。

在学术和思想上参与到中国问题讨论中来的是平野，而非戒能。戒能是在近代法社会学的层面上以批判中国"村落共同体"的形式介入了中国问题。旗田认为，这是由于他将"村落共同体论"视作构成"大亚洲主义"的意识形态根基之故，因此，只要使之解体，并将其置换为近代法社会学意义上利益社会式的、分散的个体构成的利益集团，戒能的目的就达到了。旗田说，戒能对中国问题的介入止步于此，而看清了这一点之后，戒能对"中国村落共同体论"的介入"在何种程度上推进了对中国社会的认识就是个问题了"。

他将封建村落中互助组织式、伙伴式的结合视为近代社会形成的前提。从这一立场来说，不存在此类村落的中国社会就不具备迈向近代化的内在要素；而从将近代市民社会视作历史发展最重要的终点这一立场来看，中国社会也就失去了走向未来的发展方向。这是从戒能的立场自然衍生出来的逻辑。据此，虽可否定大亚洲主义，但却无法思考中国社会的发展方向。

旗田以对戒能近代主义式的法社会学学者立场之痛切批判，为"平野·戒能论争"解说画上了句号。不知是因旗田批判的缘故，还是戒能自身战后反省的结果，他未再版那本登载了《支那土地法习俗序说》的《法律社会学诸问题》（日本评论社，1943年）。另外，战后的平野又是以何种态度思考《大亚洲主义的历史基础》的呢？在前文所介绍的那本署名日期为1945年11月的签赠本中，平野似乎还没有废弃此书之意。战后，他对自己战时的言论漠然置之。盛田良治说他"埋头于和平运动和日中友好运动，并清算了自己战争时期的言论"。[①]可平野清算过什么呢，他原本就没想要清算作为"生活协同态"的"中国村落共同体论"吧？

对于从"中国（华北）农村习俗调查"资料中读出的中国村落乃"自然生活协同态"之论断，平野恐怕未曾有过否定之意。就如旗田所说的那样，尽管遭到了戒能的批判，但平野却坚持自

---

① 盛田良治：《平野义太郎与马克思社会科学的亚洲观》，载石井、小林、米谷编著：《1930年代的亚洲社会论》，社会评论社，2010年。

己的主张,并一直在理论和实证层面补强自己的学说。而戒能否定中国存在日本式的"村落共同体"的批判论述,就无助于推进我们对中国社会的认识吗?它确实增加了我们思考中国社会近代化发展进程的难度,但也推动了中国专制国家史论者的中国固有社会论走向深入。①

以沙井村为代表的、作为"中国(华北)农村习俗调查"之对象的各村庄,经历过革命后的人民公社时代,而今已是改革开放下中国农村的样本,内山雅生等人曾数次到访此地,并对其后来的历史进行了再度调查,同时也推动了对《中国农村习俗调查报告》的重读。在收入了其中部分研究成果的著作中,内山表示:

> 在社会主义制度下的现代中国,存续于农村社会至今的各式共有习俗,乃推动"农业集团化"的一个重要因素。如此说来,不可否认,山本和水野等在日中战争爆发前将农村社会理念化为"和平的传统社会"并探求朴素农民形象的做法,未必就是错的。②

这里提到的山本和水野是满铁调查员山本斌和水野薰。在那次有组织的"中国(华北)农村习俗调查"实施之前,他们就曾对华北农村进行过调查。据他们的报告称:"生活在华北农村的农民沿

---

① 请参考足立启二的《专制国家史论——从中国史到世界史》(柏书房,1998年)。
② 内山雅生:《战争前的农村社会》,载三谷、内山、笠原、滨口、小田、琳达、中生、末次合著的《从村庄读解中国——华北农村五十年史》,青木书店,2000年。

袭着旧有的、以共同性为中心的村落生活。"平野恐怕也是根据这一说法,对作为自然"生活协同态"的"中国村落"进行理论重构的吧。不管怎么说,经历了革命后的社会主义化进程,"中国的村落共同体"被回忆为"起点之村",它向我们述说着"村庄共同性"所成就的社会主义集团化。

但另一方面,支持戒能学说、认为中国社会中不存在共同性结合体之"村庄"的历史学家们,对革命及其后的农民、"村庄"进行了另一种论述。关于革命后"新民主主义式"土地改革,奥村哲写道:

> 组织起以贫农和雇农为受益者、剑指地主的"大众运动",敌我分明,孤立、压制少数"内部敌人",并据此将农民组织进村庄,从而为共产党所掌握,这一内战时期的做法反复上演着。①

奥村说,内山等人所讲述的、作为社会主义转型过程之"村庄",是通过内战这一中国农民革命及其完结而被组织和发明出来的产物。这并非极端化的说法,毋宁说,这是从中国革命这场农民革命之完成而推导出的正论。但我在此提出的"中国(华北)农村习俗调查"之后六十年有关"中国村庄"的两种叙述,并非意在判

---

① 奥村哲:《中国现代史——战争与社会主义》,青木书店,1999年。引文中的着重号为子安所加。在此书中,奥村以足立启二的方式论述中国传统社会,他说:"传统中国社会,是对个人进行制度性约束的集团和组织虚弱、从某种意义上说是非常冷漠的个人主义社会。"

定"平野·戒能论争"的是非，只想说"平野·戒能论争"并非已经完结和毁弃的问题，它依然是拷问"中国革命与农村、农民"问题的一个有价值的课题。

第十一章
日中战争与文学证言
——读石川达三《活着的士兵》和火野苇平的《麦与士兵》

> 水中传来一声闷响,他的半个身子挨着马屁股栽到了水沟里。一双赤脚沾满了泥垢,脚心伸向天空。
>
> ——石川达三:《活着的士兵》

> 我感到愕然。我失去感情了吗?我变成恶魔了吗?
>
> ——火野苇平:《麦与士兵》

读《活着的士兵》

一 虐杀之开篇

石川达三的《活着的士兵》是以虐杀一位贫穷、"瘦得跟鸡似的"中国青年之场面开篇的。高岛部队在宁晋某村集结待命,休整十日。一天,联队本部所在的民房后面起了火,火灾现场的一个青年被作为纵火犯抓了起来。面对翻译的讯问,青年回答说:"自己把自家的房子点着了,那是俺的自由。"从翻译那里闻知此意,笠原伍长霍地站起身来,抓住了青年的胳膊走了出来,后面还跟着两个兵。他们"跨过了几个支那兵的尸体,登上河岸"。笠原伍长对着青年说:

"转过去! ……话也不懂,别扭的玩意儿!"

没辙,他只好自己绕到青年的背后,哗啦一声从刀鞘中拔出了日本刀。一见这架势,瘦得跟鸡似的青年,扑通一声跪倒在泥水中,又磕头又作揖地大声喊叫起来。笠原下士对此虽早已习以为常,但依然心绪不佳。

"嗨!"

刹那间,青年的叫声戛然而止,荒野登时恢复了傍晚的宁静。①

接下来,石川用了些非常文学化的表述:"在他的身体倒下去之前,鲜血咕嘟咕嘟地染红了肩膀,身体向右倾斜,倒在堤岸上的野菊中,接着翻滚了一下,水中传来一声闷响,他的半个身子挨着马屁股栽到了水沟里。一双赤脚沾满了泥垢,脚心伸向天空。"石川以文学化的语言描述虐杀的场面,似乎是想告诉我们此乃文学化的虚构。

但无论用怎样的文学化语言去描述,小说以日本兵斩杀年轻而贫穷的中国青年开篇,都会给读者造成冲击。关于日中战争时期日军的虐杀、暴行和掠夺,即便是战后已获得了相关信息与知识的我们,都会觉得《活着的士兵》的开篇方式是极具冲击性的,何况是昭和13年(1938)3月小说在《中央公论》杂志发表前夕的那些日本读者。不知在作者看来,这一冲击意味着什么?抑或在冲击形成之前,他未曾料到,已与皇国军队一体化了的国民会将此作为"对皇军的冒渎"而予以反击吗?刊登了该作的当期《中央公论》

---

① 石川达三:《活着的士兵》,河出书房,1945年12月。书中附有作者自序。据说该书初版5万册,在两个月内售罄。

也因刊有"反军的内容，不利于时局稳定"，而在发行当天即遭禁售。非但如此，石川与《中央公论》的编辑者、出版者又因涉嫌扰乱社会的安定秩序（违反"新闻法"第41条）而遭起诉，一审、二审皆判处监禁四个月、缓刑三年。

昭和12年（1937）12月，石川受中央公论社派遣，戴着一枚从军记者的臂章前往已被日军攻克的南京。①12月13日，南京陷落；而石川从上海乘火车进入南京已是翌年1月。因此，他并未目睹所谓"南京事件"的大规模残虐场面。与其说是残虐事件之后，倒不如说作为从军记者涉足事件末期的南京，这决定了石川对战争以及打完了这场战争的士兵们的看法。在南京，石川专程到被指参与了"南京事件"的第16师团第33联队采访，并考察了战后城市内外的惨状。一般认为，小说《活着的士兵》中的事件和人物素材都是从采访中获得的。1月中旬石川回国后，旋即根据采访开始了战争小说的创作。据说动笔之日是2月1日，之后经过通宵达旦的写作，2月11日纪元节②黎明时分，这部篇幅长达330页稿纸的作品脱稿。尽管作品中有些红笔删除的印记，③但他认为《活着的士兵》应该还是可以在杂志上公开发表的，至于被起诉、被处罚更是从未想过吧。在战后出版的《活着的士兵》（河出书房版）的开篇

---

① "石川是在1937年（昭和12年）12月13日南京陷落之后，于当月29日从东京启程，翌年1月5日登陆上海的。1月8日至15日在南京逗留。"（安永武人：《战时下的作家和作品》，未来社，1983年）

② 纪元节，日本四大节日之一。明治5年（1872），将日本神武天皇即位之日——2月11日——确定为纪元节，战后被废除，昭和41年（1966）改名为"建国纪念日"。——译者注

③ 据说原稿的四分之一被标上了批注而遭删除，这是编辑部内部审阅的结果。

自序中，石川说：

> 我未曾料到会因这部作品而受到刑罚。或许是幼稚鲁莽之故，但我只想让人们了解战争真相，想让被胜利冲昏头脑的后方民众有所反省，而这一意图却被扼杀了。

石川未曾料到自己的作品虽已被部分删除，但还是受到禁售处分，自己亦遭起诉。他将乐观的理由归结为"幼稚鲁莽之故"。"幼稚鲁莽"是说自己对司法权力判断太随意了，还是说其内心奔涌着压抑不住的正义感？但当时已是而立之年的石川绝不算"年轻"。他还在自序中说："当时的社会情势当然不会允许发表这样的作品。但我相信自己的意图，相信自己的工作。"但自认作品遭禁售是理所当然的，这是战后的说辞。昭和13年（1938），当时的石川一口气写完了330页的稿纸，并急着发表这部以斩杀中国青年开篇的作品。①

石川以其"幼稚鲁莽"的正义感和自信，写出了试图表述"战争真相"的小说《活着的士兵》。这部作品则是"虚构"日中战争之残虐的文学证言。

---

① 可以说，石川发表了其本人都认为在当时的社会状况下当然会被禁止的小说《活着的士兵》，在事变之下作为文学家的这一做法是很"失策"的。他把这种做法称为"幼稚鲁莽"。当时的文学界似乎也将此视为石川的"失策"。中岛健藏说："石川达三因战争小说而招来笔祸的事件发生之时，很多人都意识到自诫的严苛性，会想到要字斟句酌，感到'以为那么写也可以，真是太没有社会经验了'。人们从未对现实如此敏感，也从未对如何表现肉眼可见的现实如此自我提防。"这是《现代日本文学全集》（第48卷，筑摩书房，1955年）所附的"解说"文字，文末标注的时间是"昭和14年9月"。如此看来，中岛此文写于石川笔祸事件的第二年，他将此事称作石川的"失策"。

二 "虚构"的证言

"南京事件"集中表现了日中战争这一对中国之战的残虐性，而《活着的士兵》正是该事件的"虚构"性证言。说"虚构"，是由于它本应是日中战争进行时的证言，但实则不然。如前所述，从军记者石川是在"南京事件"这场大规模残虐事件之后才进入南京的。日军在进入南京城当天，就对毫无抵抗的俘虏、市民和难民极尽虐杀、强奸、掠夺、放火等罪行，据说如此大规模的犯罪竟持续长达4天。因此，南京陷落3周后进城的石川并未目睹大规模残虐事件之发生，但却真切体验了残暴事件后或者说事件末期南京之种种境况。没有这种体验，恐怕也写不出这部删除了四分之一篇幅后仍被禁止发表的《活着的士兵》。石川自己也曾在战后报纸上刊登的访谈中表示："我错过了入城仪式，正月里抵达南京时，街上已是尸体累累，事态严重。"① 对石川通过事件后的现场见闻所体验到的"南京事件"，我们这些战后的日本人是通过东京审判才看清的。本多胜一的《中国之旅》（朝日新闻社，1972）根据受害中国人的证言曝光了以"南京事件"为代表的日中战争的晦暗部分，我个人正是从这些工作中受到了强烈的冲击，并对其有所认识。我们带着战后所获得的有关日中战争，尤其是在

---

① 这是在东京审判中关于"南京事件"的审问即将开始之时，刊登在《读卖新闻》的一个访谈（1946年5月9日）。访谈中，石川绘声绘色地讲述了他所看到、听到的大量虐杀俘虏事件的真相（笠原十九司：《南京事件论争史》，平凡社新书，2007年）。但后来石川就不再谈论"南京事件"后的体验，甚至对"南京事件"本身也避而不提了。这是石川论而非本论要处理的问题，在这里，确认《活着的士兵》描述了"南京事件"便足矣。

南京攻略战中日军之残暴的相关知识，再去阅读《活着的士兵》时，会知道这部小说中士兵们抵达之处必将发生"南京事件"。在小说中石川将"南京事件"表述或再现为南京攻略的前哨战中日军所制造的残暴事件。小说开头斩杀中国青年的场景即为一例，让我们再看其他两例。

  在整备南京大包围战阵形的某一天，部队驻地丹阳发生了一起让士兵感到恐惧的事件。加奈目少尉在路上被一个十一二岁的少女枪杀了。士兵们闻讯义愤填膺，他们高喊着："得啦！既然这么坏，杀了也不可惜。所有的中国人都该杀，对他们客气，我们就得倒霉！"加奈目少尉事件发生后不久，军队首脑下达了以下指令："自此以西，民间抗日思想较强，对妇孺亦不可放松警惕。对抵抗者即便是百姓也格杀勿论。"

  在进军南京的追击战过程中，每支部队都为俘虏处置问题而大伤脑筋。接下来必是殊死战斗，不可能带着俘虏，边警戒边行军，最简单的处理方式便是杀掉他们。"抓住俘虏，便就地处决"，这也不是命令，但上峰下达的方针大致就是这样的。

小说中，石川所描述并非"南京事件"本身，而是在南京攻略前哨战过程中发生的、其后演变为南京大规模残虐行动之起因的事件、士兵们的行动、军队高层的命令以及士兵们默契的理解。小说反复描述如野兽般追逐"姑娘"的士兵们之举止，同时也让读者意识到，军队和士兵的目的地将要发生"南京事件"。《活着的士兵》确实是在双重意义上成了"南京事件""虚构"的证言。一是在预示了"南京事件"却未加描述的意义上；二是作为日中战争时期的日本人所未曾实际读到的"事件"之证言。

然而，将《活着的士兵》称为"虚构"的证言云云，乃是我故意为之，石川本人并未有意识地将小说作为"事件"之证言去写作。即便他有着传递"战争真相"的强烈正义感，但这种正义感在他那里，也总是要通过文学作品——小说予以表达的，而绝非以战争犯罪事件之证言记录的形式展现出来。石川想把"战争真相"以一篇战争小说表现出来。即便是站在"南京事件"残虐遗迹的现场，从事件的罪魁祸首那里听到了鲜活的杀人犯罪之实情，但他终究是作为文学家而绝非"事件"的证人来听取这一切的。始终以文学家的姿态，才能写出小说《活着的士兵》。在石川那里，"事件"须以小说的形式，或者说只有以小说的形式，才能通过语言表述出来。

我在这里将《活着的士兵》视作"南京事件"的"虚构"证言，必须再赋予其另一重意义，那就是，石川只有通过小说的形式才能为"事件"做证。《活着的士兵》便是"南京事件""虚构"的文学证言。

三 小说《活着的士兵》之创作手法

昭和 13 年（1938）8 月，石川一审被判处四个月监禁，缓期三年执行。或许是不接受判决之故，检方随即提出指控。"年谱"[①] 显示，翌月（9 月）他又以特派员身份被中央公论社派往武汉战场。

[①] "石川达三年谱"，《现代日本文学全集》第 48 卷，筑摩书房，1955 年。

身处接受了一审判决的司法事态中，石川却被允许再次作为从军特派员赴战争现场采访，我不明白，此事背后到底隐藏着什么。不管怎么说，石川再次前往中国，作为从军作家参与、采访了武汉会战，并于11月回国。这次，他又一口气写出了小说《武汉作战》，作品刊于《中央公论》昭和14年（1939）新年特刊上。这就让人重新思考，对于军部和司法当局而言，禁售刊登了《活着的士兵》的杂志以及对石川等人的起诉，究竟是何种程度的判罚？至少，这不是对石川封笔禁言程度的处罚吧。但我并非为弄清这一问题而在此论及《武汉作战》的，而是因为注意到了作者在小说最后所附的"后记"。在"后记"中他说："去年春天，因《活着的士兵》引起的笔祸，给本杂志的各位读者添麻烦了，对此我要再次致歉。"交代完这些，石川谈到了小说《武汉作战》的性质及其创作手法。

> 第二次从军归来，匆忙之中排除万难，写了这部作品，旨在让内地的人们了解战争之深广与复杂。也就是说，笔者尝试尽可能地写出忠于事实的战记。这是一部既算不上小说也算不上记录的不伦不类之作，若能有助于读者们认识战争之全局，则本稿的目的也算实现了一半。上次我欲研究战场上的个人而招致笔祸；这次我尽可能地避开个人而去观察战争的整体动向。若您能打开详细的地图，边确认各地点之间的关系边读下去，我相信也会产生些许兴趣。①

---

① 小说《武汉作战》之"后记"，刊于《中央公论》昭和14年（1939）新年特刊，引文中的着重号为子安所加。同期的卷首刊载了尾崎秀实的《"东亚协同体"的理念及其形成的客观基础》。

这真是篇奇妙的文章。石川称《活着的士兵》事件为"笔祸"。而关于笔祸事件的反省却只被归结为小说写法的问题,照他的说法,只要注意小说的写法,就不会招致笔祸。无论是在动机还是目的上,石川的确完全不应被责备,在法庭上他亦坚称自己是本着对国家和社会的良心进行创作的,或许在自己内心的态度上,他确实全无可反省之处。但尽管如此,若只从小说创作手法的层面反省这起笔祸事件,还是有些奇怪。这是由于,笔祸事件最终是因为小说在构思和素材上都来源于其前提——日本军队最大而又最恶劣的丑行"南京事件",而石川却不想看到这一点。军部和司法当局都试图删除和隐瞒的,是"南京事件"这一日本军队作为整体所犯下的罪行,既非石川小说的文辞,亦非其创作手法。小说职业写手石川本人对此却未有察觉,他对笔祸事件做出了奇妙的反省。

关于小说《活着的士兵》的结构形态,作者反省说:"上次我欲研究战场上的个人而招致笔祸。"这种奇妙的反省,或许是因为那些冒渎了皇军士兵的人物造型在法庭上被追究了责任的结果。但我对这一奇妙反省的关注点却并不在此,而在于这一反省提示我们,这部小说是以"活着的士兵"这一人物为中心的架构形态。也就是说,《活着的士兵》这部小说的核心主题是"活着的士兵"们,而并非他们所引发的"事件"。那么,"活着的士兵"都是些怎样的士兵?或者说,是怎样的人作为士兵"活"在严酷的战场上?或许,这才是小说的主题吧。小说开头制造了斩杀中国青年之冲击性场面的人物是笠原伍长。军曹、伍长这类陆军下层士官,是日本陆军军队风习的体现者。石川也表示,笠原伍长"真是位出色的士兵,有着士兵本色"。在此,让我们引述作品中的一段体现了笠原士兵形象的话。这段文字也通过与笠原的对比讲述了作品中其他的士兵和将校。另外，这也是笠原报复性地杀害了被抓中国兵之场景的下一段。

  对于笠原伍长而言，杀死一个敌兵就像杀死一条鲫鱼一般。他杀人时，压根儿不动感情。但让他怜悯、动情的是对战友几乎是本能的爱。他真是位出色的士兵，有着士兵本色。虽没有西泽大佐那种高迈的军人精神，也没有平尾一等兵的那种近乎精神错乱的罗曼蒂克思想，没有近藤医学学士那种迷迷糊糊的知识分子气，更不会像仓田少尉那样，因感情纤细而妨碍自己的行动。无论发生怎样的激战和杀戮，他都威严坦荡、心定如一。总之不具备在战场上无用的敏锐感受性和自我批判的知性教养。如此勇敢而忠诚的士兵正是军队所需要的人物。加之，平尾一等兵和近藤一等兵如果在战场上待长了，他们的性格同样会变成笠原那样，不想变也不行。说起来，笠原伍长在上战场之前就是个能适应战争的青年。

笠原伍长是这部战争小说的核心，读了作者对他的解说文字，你会觉得，无论是小说开头斩杀贫穷中国青年的场面，还是这段之前所描述的对大量中国士兵的报复性杀戮场面，都是建构笠原伍长这位类型化人物所必要的背景事件。当然，不仅仅是笠原伍长制造了杀戮事件，近藤一等兵也曾用短剑刺穿有间谍嫌疑的女性的乳房，平尾一等兵也曾在战场上刺杀了抱着死去的母亲悲泣的姑娘。但当这些残虐事件又被描述为残酷战场上幸存士兵们神经将要崩溃之补偿而发生的冲动性杀戮之时,我想,那是建构与笠原有着不同神经和知性的文弱士兵们、近藤一等兵和平尾一等兵这些人物所必要的背景事件。

石川以从军作家的身份进入"南京事件"残虐遗迹尚存的南京,对他造成冲击的却不仅仅是市区残存的残虐印记,打过这场残虐战争的日军士兵让他震惊,让他感受到了更大的冲击。这又是为何?作家石川未将其疑虑的矛头对准在中国大陆战斗着的日本及其军队,而是转向了一个个士兵,于是写出了"研究战场上的个人"的小说《活着的士兵》。这确实是一部能让人读出在残酷的战场上幸存士兵们之生存状态的小说。但小说完成之时,给作者以冲击并激发了其创作欲的"残虐事件",却转变为构成作品中类型化士兵的背景"事件",成了与"活着的士兵"们相关的"事件"。①

对石川的"战争文学"创作形成冲击的"南京事件"从脱稿的小说《活着的士兵》中消失了,也从石川那里被抹杀掉了。其后,石川表示,"南京事件"是不存在的。②

---

① 平野谦说:"我不得不遗憾地认为,《活着的士兵》的虐杀场面是对战场风纪的描述。"见平野的《关于俘虏处置》,收入《昭和文学私论》,每日新闻社,1977年。
② 阿罗健一:《四十八位日本人关于"南京事件"的证言》,小学馆文库,2002年。昭和59年(1984)10月阿罗申请采访晚年的石川,但因后者身体有恙(三个月后石川故去)而未能见到,但他收到了如下回信:"我进入南京是在入城仪式的两周以后,丝毫未见大杀戮的痕迹。我想,在两三个星期里,是无论如何也处理不完几万具尸体的。那些话我至今也不相信。"

阅读《活着的士兵》所耗费的时间远超预期。我原以为与火野苇平的《麦与士兵》相比,《活着的士兵》论写起来会更简单些,但写起来却发现实情并非如此。问题出在它与"南京事件"的关系上。我当初以为,石川在其创作的小说中部分地表现了这一事件;但认真读过作品后,我感到情况并非如此。"南京事件"因被置换到小说《活着的士兵》中,而成了作品中发生在战场上的士兵"残虐事件"。"南京事件"毋宁说被抹杀了。在发表之际,小说原文四分之一的篇幅已被删除或成了"伏字"[①],最终遭到禁售。而在被禁售之前,"南京事件"已从小说本身中被删除了,被删除的是日本军队整体上对中国士兵和人民的罪行。

读《麦与士兵》

一 被删除的结尾

火野苇平的《麦与士兵》[②]是以这段话收尾的——"我把视线转向别处。我没有变成恶魔。明白了这一点,让我安心了许多"。火野说"把视线转向别处",在这句话之前显然出现了让人无法正视的状况。而作品中却并未交代具体状况,读者只能从前文的表述——"四五个日本兵让三个支那兵排成一列,把他们从里面的砖

[①] 伏字,中文谓之"开天窗",即印刷品因某些内容不便公开而留出空白,或用"×""○"等标记,代替隐去的字,也指这种标记。——译者注
[②] 《麦与士兵》,改造社,1938年。这是因审查而删除了个别地方的战时版本。删除之处并不显眼,无碍阅读。战后版本是作者补充了被删除之处的润色订正版本,本论中我使用的是战时版。

墙中带到了卫兵所之外"——中想象"把视线转向别处"的具体所指。我最初也是从这段话想象出三位被俘的中国士兵遭遇袭击的残酷情形的。我直到后来才知道，这里还有因审查而被删除的文字。该作的战后版对被删除的部分以下述文字做了补充——"被绑起来的三个支那兵被强令坐在沟渠之前，绕到后面的一位曹长①拔出了军刀，大喊一声，手起刀落，脑袋像刺球②一样飞出，鲜血像竹刷子般喷涌出来，三个支那兵接连死去"。不仅仅是这些话，其他中国兵俘虏被枪杀的场面亦遭删除，在战后版中这些场面才得以补全。③

　　本文第一部分论及石川达三《活着的士兵》开篇所描述的斩杀中国青年之场面，我是在与此相对应的层面上，关注到《麦与士兵》结尾处被删除的斩杀中国俘虏之场面的。石川的《活着的士兵》是从斩杀的场面开始的，如前所述，这是一种具有冲击性的开篇。我想，在昭和13年（1938）3月即将在杂志上刊出之际，这自然是要被删除的吧。但由于《活着的士兵》中随处可见的、每个出场人物都伴随着的与开篇相类似的残虐事件，若删除开篇的场景，其他的也必须删除，如此一来，小说本身便不复存在了。实际上，在《中央公论》编辑部的内部审查中，这些残虐场面基本未被删除，唯有最后两章——描述两个士兵来到南京沦陷后即开业的艺妓店所引发的错乱事件——被全文删除，除此之外，还

---

① 曹长，陆军上士，日本军士的军衔之一，在旧日本军队中位居军曹之上、准尉之下。——译者注
② 刺球，包在栗子等果实外面的长满刺的外壳。——译者注
③ 我参照的战后版《麦与士兵》是收入《现代日本文学全集》（第48卷，筑摩书房）和《战争的文学1》（东都书房）的版本。

删除了许多描述杀害女性之冲击性场面的文字。然而，在杂志上登载、刊行[①]的当天即被处以禁售。总之，《活着的士兵》是被全文删除了的。

相对于以日本士兵的残虐事件开篇的《活着的士兵》，《麦与士兵》是以被隐藏的斩杀事件，以及"我把视线转向别处。我没有变成恶魔。明白了这一点，让我安心了许多"这句嘟囔话作结的。即便战时版《麦与士兵》的读者从这句嘟囔话的反面去揣测作者"把视线转向别处"所指之事，恐怕也很少有人会想到删除的部分是关于斩杀事件的记述吧。平野谦说："在我脑海的记忆中，没觉得这里有什么奇怪的。"[②]我最初读战时版本时，虽意识到事件被隐匿了，却没想到是被删除了。之所以这么说，是因为，即便没有被删除的有关斩杀场面的这部分叙述，人们也会将《麦与士兵》作为一部完整的战争文学作品去理解和阅读。《麦与士兵》这一作品的价值、读者的感动不会因删除而受损。一旦删除了《活着的士兵》开篇的斩杀场面，小说便解体了；而即便删除了《麦与士兵》结尾的斩杀场面，作品的价值依旧。

二　士兵身份

《麦与士兵》的作者火野苇平是个士兵。在战时版"前言"中，火野写道："这部《麦与士兵》是我作为军队报道部部员参

[①]　据中公文库的复原版《活着的士兵》，可详细地了解到因编辑部内部审查而删除的部分。

[②]　平野谦：《关于俘虏处置》，收入《昭和文学私论》，每日新闻社，1977年。

与历史性大歼灭战徐州会战时所写的日记。"从作品发表的时间顺序来看，在《麦与士兵》（载《改造》1938年8月号）之后发表的《土与士兵》（载《文艺春秋》同年11月号）中，火野便是在杭州湾登陆后指挥分队作战的玉井胜则伍长。昭和13年（1938）3月，他获得芥川奖，其后旋即被派遣军报道部从实战部队挖了墙脚而受命转隶该部。因此，在徐州会战中，他是以下士的身份充任报道部员参战的。军方意在让这位获得芥川奖的士兵写一部徐州会战从军记，并命令火野苇平以玉井伍长自认。批评家田中草太郎认为："玉井胜则伍长就转变为包含了作家火野苇平在内的双重人格人物。同年5月，这位32岁、拥有着两副面孔的男人，参与了徐州会战，并撰写了一部从军记。"①但命令玉井伍长与火野苇平合体的是军部，而并非火野将自己二重化了。他自始至终都是一位士兵，也想一直做士兵。他在报道部的上司高桥少佐写道：

> 玉井在孙圩越过了生死线。他在友军苦战的最前线照料着几位伤兵，并几次试图率领在场的兵勇突击到城墙。这绝非文人火野苇平能做的事情。从杭州湾登陆到杭州警备，在数次战斗、讨伐中浴血奋战的陆军步兵玉井胜则伍长将皇军战士的形象展现无遗。②

火野的确是作为士兵劳乏于征途，也是作为士兵在战场上九

---

① 田中草太郎：《火野苇平论》，五月书房，1971年。
② 战时版《麦与士兵》所附高桥少佐的《〈麦与士兵〉所感》。

死一生。他记录着这些经历,并发表了从军日记《麦与士兵》。作品以身为士兵者的战争、战场实感记录引起了巨大的反响,在事变之下受到了国民的欢迎。在《麦与士兵》《土与士兵》等作品中,国民所读到的是一个士兵对战争体验的出色记录乃至报告,而并非一部战争小说。关于事变下火野从军记的横空出世,杉山平助说:"《麦与士兵》《土与士兵》作为至纯的日本士兵手记,以山穷水尽之困厄摧垮了读者。火野在枪林弹雨中写下了这些手记,这是最合乎日本人口味的私小说体式。没有战场体验却想了解同胞们是如何在大陆的田野中浴血奋战的国民,通过火野才获得了最为出色的战场实感记录。"① 杉山沉浸在火野从军记所带来的感动中,写下了这段话。在发生于中国大陆的这场战争中,火野是个士兵,也一直想做个士兵。战场上的火野,可以说是有着士兵情结的。他也试图告诉读者,在大陆,士兵的身份意味着什么。例如下面这段话:

> 注视着被派出的士兵那实在脏污的臭脚,我感到了一种高贵。……终于到了出发的时刻,士兵穿上鞋,听到前进的命令便迈开了步伐。不一会儿,众人步调便恢复到坚定一致之状,继续着那漫无尽头的行军。(《麦与士兵》)

作者这段话,将穿过无边麦田、进军徐州的士兵们筋疲力尽而又脏污的脚连同其臭味一并铺陈在读者眼前。这确实是非"边

---

① 杉山平助:《文艺五十年史》,鳟书房,1942年。着重号为子安所加。

虐双脚边进军"的士兵所无法言喻的脚。但，凝视着士兵的脚写出"我感到了一种高贵""众人步调便恢复到坚定一致之状，继续着那漫无尽头的行军"这般句子的，却是报道部部员——作家火野苇平。

火野是一位有士兵情结的作家，或者说是将自己代入士兵身份中的文学家。

三 "身为士兵"意味着什么

我的火野论，是从《麦与士兵》结尾处删除了斩杀俘虏之场面的问题开始的。与《麦与士兵》不同，石川的《活着的士兵》是以斩杀中国青年的场面开篇的。我说过，如果删除了《活着的士兵》开头这一场面，该作恐怕就解体了。与此相对，即便删除了《麦与士兵》结尾的斩杀场面，亦无伤作品的价值及其带给读者的感动，而这一场面也确实被删除了。该作经过不着痕迹的删除之后发表在杂志上，旋即出版了单行本，成为销量过百万、盛况空前的畅销书。虽说结尾的几行文字被删除，但《麦与士兵》依然带给了事变下的读者以十二分之感动，作品呈现了将战争作为现实的生命场域而默然生存的士兵形象。那么在如此严酷的行军中，士兵们为何还要拖着似乎已不属于自己的双脚，不问缘由、不问目的，只顾无边暴走呢？作者写道：

> 用碘酒胡乱处理了一下，又踩破了长出来的几个痘子，行军路上一直在虐待自己的脚。痛到站不起来，心里知道已经熬不住了，却依然咬紧牙关坚忍前行。行者无疆。趾

甲被挤掉，脚似乎已不属于自己。即便如此，还是能走下去。

我再次引用了《麦与士兵》中关于士兵之脚的叙述。因为中国大陆的这场战争之代表性表征便是无边的行军、隐忍的士兵们以及他们的脚。身为士兵，就要默默地忍受行军中的虐脚之苦。他们为何要忍耐，只因为是皇国的士兵，舍此无他。昭和13年（1938）在中国参战的一介士兵，就是皇国的士兵。身为皇国的士兵，就要默默地忍受遥遥无际的行军。

昭和日中战争已经过去70多年了。今天，我们重读《麦与士兵》《土与士兵》时，会再次痛切地感慨：昭和日本不就是在中国大陆这一无边战场上那100多万忍受着行军虐脚之难的士兵们的国家吗？① 如果说身为士兵，他们能自觉到某种可称为命运的东西，那自然就是不得不由他们肩负起来的"皇国日本"。身为士兵，就意味着顺从于这一命运，得咬紧牙关忍受着行军之虐。

四　身为士兵的火野

火野有士兵情结，正因如此，他才成为昭和战争时期的代表性作家。对于这一时期因士兵身份才成为文学家的火野苇平，批

---

① 昭和16年（1941）投入中国本土的日本陆军兵力为136万，相当于当时陆军总动员人数的65%，纐纈厚：《日本曾蔑视中国》——何谓日中战争？》，同时代社，2009年。

评家们又是如何看待的呢？田中草太郎在《火野苇平论》中说："昭和10年代被称作文学史的盲点和空前绝后的邪恶时代，火野苇平将自己假托为庶民心情的代言人和士兵的描述者，他巡视了漫长的战线，又在国内各地东奔西走，从'士兵三部曲'到《陆军》，他以数量庞大的作品群表述了这个时代的大部分问题。"田中批判了那种将火野单纯切割为"顺应国策型"作家的论调，他以火野"欲为庶民"之说来置换"欲为士兵"之论，认为应从其人生论之契机的意义上理解火野。然而，虽然田中以"庶民心情的代言人"来置换"士兵的描述者"，将火野视为所谓庶民派文学家，却错失了火野作为士兵文学家的一面。田中认为："火野并不是一个有洞察力的思想家，他嗅不出时局的虚伪性。在国家观、天皇观以及时局判断诸层面，火野终究不具备远超庶民认知水准的思想。"（着重号为子安所加）这时，我认为他的火野论只是一笔带过了庶民意识，但这与其批判的割裂火野之论别无二致。

小林秀雄在一篇讨论《麦与士兵》的文章中说道：

> 该作并非以露骨的批判和思想取胜，只是把人随意抛了出去。这个人没有任何新奇之处，甚至可以说是看起来粗野、脏污的。但现代人心灵的复杂性和细腻的感受性等，在这乍看粗野、脏污的人身上无一或缺。他长着一副极其平常的面孔，行为上也是极其健全的。①

---

① 小林秀雄：《事变与文学》，载《文学2》，创元社，1939年。

小林在这里所说的"随意抛了出去"的这个人可以说是作者火野，也可以说是作品中被抛出去的士兵。不管怎么说，小林认为，这不过是他自己将长着一副平常面孔的人（士兵）抛到"有史以来最大的战争"[1]进行时的大陆战场上而已。这种故作草率却有着战略性批评的表述是小林独有的风格。他不会将火野笔下的士兵称作"庶民"云云，而说他们是"长着一副极其平常的面孔，行为上也是极其健全"的人。的确，无论是火野自身一直坚持做的那种士兵，还是作者火野在作品中如实地记述的士兵皆然，而非石川在《活着的士兵》中的那种人。小林说，后者是"一种被无责任的人性观察和人性描写所确证"[2]了的自然主义意识形态文学产物。士兵们是在心理层面被石川观察和分析的对象，其残虐行为，也只能是与石川所分析的战争中士兵病态心理相关的行为。《活着的士兵》中的士兵，是石川所观察并进行过心理分析的、战争中病态的士兵。如此观之，小林所谓"该作并非以露骨的批判和思想取胜，只是把人随意抛了出去"这一批评性论述的战略意味就很清楚了吧。小林与保田与重郎等人共有着日本浪漫派文学运动中的近代主义（唯物史观、自然主义等）批判。因此，小林

---

[1] 小林秀雄：《事变之新》（1940年8月），收入《历史与文学》，创元社，1943年。小林说："我国目前正打着一场有史以来最大的战争。尽管这无疑是一场大战，但众所周知，由于未曾发出宣战布告，因此不可称之为战争，而是事变。一边打着这场以事变为名的真正大战，一边面对同样的国民进行极大规模的新政治建设，舞台就在支那。说到支那，在语言上会让我们有一种非常亲近的感觉，但实际上，这是一个谜之国度。"
[2] 自然主义文学运动给昭和带来的文学结果，是杂乱无序的、到处泛滥的人性观察式小说。小林在《历史与文学》中所做的批判便是因此而生的。

所说的"只是把人随意抛了出去"这种乍看起来有些草率的话,意味着在"支那事变"这一前所未有的大战之下,日本出现了新的文学。火野自己否定了其作家身份,他只是一个长着"平常面孔"的士兵,并以此身份成了肩负事变下新式文学之任的军旅作家。

五 "平常士兵"体现出了什么

火野始终坚持做一个"平常士兵",也就是小林所说的"长着一副极其平常的面孔,行为上也是极其健全"的人。而小林是在"非常时期"讨论长着"平常的面孔"、有着健全"常识"之人的。他在《麦与士兵》的评论文章《事变与文学》中指出,需要"非常时期"的不是什么新的思想,而是没有变化、没有飞跃的思想,是长期以来人们所形成的智慧。

> 思想与文化之类者亦如此。无论其表层出现何种出人意料的变化,但其底层都流动着迟缓的智慧,它不会自然而轻易地出现飞跃。
>
> 有个词叫作"非常时期"。今天的日本在国家层面所遭逢的危机,正可称之为"非常时期"。但却不存在非常时期的思想云云,我们心中唯有平日里慎重锤炼出的思想,这一点须牢记心中。(着重号为子安所加)

小林认为,"非常时期"未必就会出现"非常时期"的思想,换句话说,"非常时期"所映照出的,是人们平常所形成的智慧以及思想的健全性，等等。"非常时期"的力量之源，不在于新的意识形态，毋宁说更存在于平常俗众健全的"常识"之中。然而，当这一"非常时期"乃日本发动的"有史以来最大战争"之时，国家所期待的日本人日常精神之健全性，便是这个民族在历史进程中被体质化了的精神健全性。因此，小林对火野的《麦与士兵》做了如下评述：

> 《麦与士兵》中并没有什么新的看法或者见解，其中洋溢着的不如说是陈旧的、我们日本人非常熟悉、自古以来流传至今的某种精神。该作中所表现的，是我们日本人可以用肉体理解的精神。这种精神不是以某某主义之类的名目被概念化、被宣传的意识形态，而是在所有人的心里都会引发共鸣的某种生动的民族气质。[①]（着重号为子安所加）

火野有做一名平常士兵的执念。如前所述，做平常的士兵，就是做皇国的士兵。小林的批评性表述所说的就是，长着平常面孔、有着健全常识的士兵，体现了"生动的民族气质"的士兵。因为他所谓的"批评性论述"，也就是昭和10年代对自然主义、马克思主义文学的批判性表述。小林以其批判性表述，将火野描述成身为

[①] 这是小林在《事变与文学》中说的话，在《满洲的印象》中他更为明确地指出："事变愈发扩大化了，国民的团结一致丝毫不乱。究竟是怎样的智慧支撑着这种团结？它并不单纯是日本民族血液中无意识的团结，而是让悠久而又复杂的传统走向烂熟、在明治以后西洋文化的急剧影响之下锻造出的一种异样的聪明和智慧。"（《满洲的印象》，收入《文学2》）

"平常士兵"者所创作的文学中的一位士兵:

> 向着东方新的战场,顶着烈日,冒着黄尘,一路进军。我觉得这风景真是美得无与伦比。我感受到了行军中蓬勃向上的力量和奔腾不息的惊涛骇浪;我感觉自己已完全置身于这庄严的脉动之中。……我以坚定的步伐行走在这麦田之上,望着蜿蜒进军的军队,震撼于那奔涌袭来的顽强生命力。我感到,"祖国"一词又在我心中膨大了起来。

六 昭和战争时期的"国民文学"

火野以书写在中国战场只知进军、吃饭、排便、战斗、杀人、被杀的"平常士兵",而唤起了国民的共鸣,成了国民作家,《麦与士兵》等火野的所谓"士兵三部曲"也成为昭和战争时期的"国民文学"。在这部"国民文学"出版70多年后,重读该作,即便无法再次共有《麦与士兵》曾唤起的国民式感动,但依然可以去追忆作品中的感人因素。火野以"我感到,'祖国'一词又在我心中膨大了起来"一言所表达的感动,昭和战争时期的读者人皆有之。他们所为之感动的,是"顶着烈日,冒着黄尘,一路进军"的士兵的身影。火野从中感受到了"祖国",国民读者们从中感受到了"生动的民族脉动",并确信自己亦身处这脉动之中。国民文学《麦与士兵》塑造了坚忍不拔、一心进军的士兵形象,为昭和时期的读者、国民带来身为日本人的民族感动。

我在前文中说过："昭和日本不就是在中国大陆这一无边战场上那100多万忍受着行军虐脚之难的士兵们的国家吗？"这是时隔70余年，而今重读昭和战争时期"国民文学"《麦与士兵》者之感慨。有100多万士兵在中国战场上忍耐着漫无尽头的进军，日中战争就是对拥有着这些士兵的近代日本之国家力、民族力的初次检验。小林秀雄在评论"支那事变"时表示，"我国正在打一场史无前例的大战"（《事变之新》，1940年8月）。他将这次事变称为"大战"，却未交代其因由。关于战争发生的舞台——中国，他只说了句"让我们有一种非常亲近的感觉，但实际上，这是一个谜之国度"。小林虽称中国的事变为"大战"，但对战争的舞台、战争当事国——中国，在做出了"谜之国度"这般评论之外，既不想多说，也不欲了解。这展现出了昭和时期大部分知识人世界认识之位相。不过在我这里，小林所谓"史无前例的大战"这一表述一直都是个谜，他为何要称这一事变为"大战"呢？但在与其同读《麦与士兵》后，我觉得自己得到了这一谜题的谜底。此次事变之新并不在于"东亚新秩序"之类的口号抑或意识形态，而在于它是验证日本民族力量的第一次大战。小林或许会回答说，不声不响地忍耐着在中国大陆漫无尽头的进军的那些士兵们对此心知肚明。士兵们以默默的进军，应对这场实为大战的事变；感动于士兵姿态的国民亦默然处之。小林说："日本国民对事变默然以对，这是此次事变最大的特征。"①

《活着的士兵》是对日中战争及其残虐事件讳莫如深的文学证言，而《麦与士兵》则以书写默然进军的"平常士兵"形象，证实

---

① 小林秀雄：《满洲的印象》（1938年12月），收入《文学2》。

了日中战争乃日本国家、民族之大战。

最后，为了将《麦与士兵》《土与士兵》作为日中战争之证言来阅读，我想以火野自己的"证言"补全被删除之处。在战后版中，火野自己补全了《麦与士兵》末尾斩杀中国兵的场面。《土与士兵》中也有虐杀32名中国俘虏的事件，火野应该也写过参与该事件的情况，但这也被删除了。作品中只写道："回到部队本部早先驻扎的小村庄，俘虏们排成了一列"，却并未交代俘虏们是被如何处置的。小林的《杭州》①一文中，有为颁发芥川奖而到访杭州的小林与火野之间的交谈记录。火野的话中暗含着有关《土与士兵》被删内容的信息。但我并不清楚小林这些话是以火野赠他的《江南战记》为根据的，抑或是听火野亲口说的。小林以火野亲口讲述的形式写道：

> 火野君在战记中说，攻入杭州后的战迹视察显示，嘉善附近的防御工事包括混凝土工事103处、堆土工事400处，这在整个支那全线都是罕见的。他们仅用了4天时间便强行突破了。（以下文字在战后版《杭州》中被删除了）据说，当时火野君带着7个士兵，利用机枪的死角不断地逼近并爬上了最大的工事，从通风道扔出了7颗手榴弹。随后又绕到里面，破门而入，杀敌4人，并用×××将32名正规军绑了起来。一旦被绑起来，多半是要被杀掉

---

① 小林秀雄：《杭州》（1938年4月），收入《文学2》。只是战后小林的著作集、全集等所收录的《杭州》都删除了我引用的部分。

的，当然在不同情况下也会有所不同，我不晓得。但傍晚出去一看，河沟里有××××××××××。这其中，还有个家伙指着自己的胸口说：××我！看了这副惨相，我就把他××了。

恐怕在这段引文中，我所标记处之后都是火野直接对小林所说的话吧，小林甚至将其语气也如实记录了下来。从语气中所观察到的火野，已不是写下了"我把视线转向别处。我没有变成恶魔"（《麦与士兵》的结尾）的那位火野，那是只有杀与被杀的"平常士兵"之口吻。

火野苇平的"年谱"[①]显示，昭和12年（1937）11月5日，火野所属的"第十八师团在杭州湾北沙的敌人阵前登陆，进入南京城。年末又进入杭州城，并驻留于此"。《土与士兵》写的是敌前登陆及其后的战斗，《花与士兵》写的是杭州驻留记，而《麦与士兵》则是翌年的徐州会战战记。从年谱上看，火野在所谓"南京事件"之时，是作为士兵进城的，但他从未谈及此事，其"士兵三部曲"是与"南京"之前、之后的会战相关的作品。那么，"南京事件"对他而言是不存在的吗？《土与士兵》显示，小林从火野那里直接听闻并记录下的虐杀32位中国俘虏事件发生在11月13日，也就是占领南京的一个月前。而在《土与士兵》中未见谈及的这一事件，却被小林作为火野的武勇之谈记录了下来。他们的言说和记录让人感觉，这好像并不是一次特别的虐杀事件，而是战争中的平常之事。视之若素的军方与士兵必然会挑起"南京事件"。小林记述

[①] 《火野苇平年谱》，《现代日本文学全集》第48卷，筑摩书房，1955年。

的这段证言，战后被从收入小林著作集和全集等处的《杭州》中删除。他们删掉了这些并沉默了下去，从内部封堵和压制着这一"事件"。而"事件"却无法抹消地存在于被删除的空白之处和被压制的沉默之中。

第十二章
原本就是憧憬对象的中国革命
——读竹内好的《现代中国论》

> 中国革命是民族内在本源之力的显露，即便借助外力，其运动本身也总是自律的。
>
> ——竹内好：《日本人的中国观》

一　竹内好的评价

战后20年之际，《中央公论》（1964年10月号）推出了"创造了战后日本的代表性论文"特辑，竹内好的论文《中国的近代与日本的近代》位列其中。在这篇被收录到特辑的论文结尾，竹内附了一段但书，曰："笔者现已与中央公论社断绝了编作关系，但旧作有着半公共的性质，此次又是公选的结果，我表示尊重，并答应了收录的请求。"竹内与中央公论社所生之龃龉，一般认为是因昭和36年（1961）12月中央公论社停止售卖《思想的科学》"天皇制"特辑号引发的事态。《思想的科学》评议员[①]会对此表示抗议，并声明与该社断绝关系。竹内也宣布与该社断交。[②]作为领导了战后

[①] 评议员，即日本团体、公司等参与商讨重要经营事项的人（或职务）。——译者注
[②] 竹内好在《周刊读书人》1962年3月5日号上发表了《思想团体的原理与责任》一文，宣布与其断交。

日本民主主义、和平主义言论的综合杂志,《中央公论》业已丧失了其品格,而《思想的科学》事件将此袒露在世人面前。顺带提一下,刊登了"创造了战后日本的代表性论文"特辑的《中央公论》1964年10月号上还刊载了林房雄的《大东亚战争肯定论》。就如这一期刊文所呈现出的那样,战后20年,是被称为"战后之终结"的转型期。《中央公论》最早在杂志上展现出战后已终结之意。

那么,炒作战后之终结的《中央公论》是如何遴选代表战后之论文的呢?由猪木正道、臼井吉见、江藤淳、桑原武夫等人出任推选评委①,让人觉得《中央公论》怎么会委托这么一伙人,这些人所推选出的"创造了战后日本的代表性论文"能有多高的正当性,令人生疑。认为战后已然终结的该杂志与推选委员们如何选择代表了战后的论文,这也让我很感兴趣。当然,我也关心竹内好是如何被评价的。而这次推选的前提,是该杂志编辑部基于对63人的论坛问卷调查制作出的一份基础性名单。推选委员们在此基础上进行讨论,选出18篇"代表性论文"。这份63人的问卷调查显示,丸山真男及其论文以压倒性的优势获得了35票,尤值得一提的是,很多人都推举了《超国家主义的逻辑与心理》一文。竹内好及其论文以17票位列其次。据说,接下来是获得10票的清水几太郎和获得6票的福田恒存。②在票选的基础上,推选委员们召开了"推选座谈会"③,讨论的结果便是18篇"创造了战后日本的代表性论

---

① 除这些人以外,评委还包括伊东光晴、武田泰淳、永井道雄、永井阳之助、桥川文三、绵贯让治。
② 除此之外,问卷调查中列出的名字还包括川岛武宜、桑原武夫、平野谦、广津和郎、伊藤整、吉本隆明、鹤见俊辅、松下圭一、梅棹忠夫和坂本义和。
③ 《推选代表性论文——推选座谈会》,《中央公论》1964年10月号。

文"。按照论文发表的时间顺序,在从《堕落论》(坂口安吾)、《超国家主义的逻辑与心理》(丸山真男)、《日本社会的家族构造》(川岛武宜),直到《核时代的日中关系》(坂本义和)的18篇论文中,竹内的《中国的近代与日本的近代》位列第六。

在问卷调查中,竹内仅次于丸山,获得了17票,这或许也与此次推选发生在安保运动后这一时期有关;这一结果也显示出,竹内的发言对日本战后社会之意义和影响都获得了高度评价。然而,竹内的何种发言获得了这般好评呢?《中央公论》编辑部制作的草案中列出了竹内的评论文章《致日本共产党》。为什么是这一篇呢? 1950年1月,共产党和工人党情报局[①]批判了日共领导人野坂参三的和平革命论。日共因应对批判而分裂,所谓日共主流派全面信服并接受了批判。围绕共产党和工人党情报局的批判和日共的因应问题,竹内撰写了这篇批判日共的文章《致日本共产党》,发表于《展望》1950年4月号上。这是竹内以"奴才论"式的日本文化论撰写出的"奴才论"式的日共批判文。文章开头写道:"我想,我对日本共产党的不满,归根到底可以归结为日本共产党未将日本革命作为主题。"[②] 单从这句话,便可理解此文对当时的战后社会所产生的强烈冲击。但即便如此,拿这篇文章就能代表战后竹内的评论吗? 在"推选座谈会"上永井道雄提出,竹内的工作还包括中国问题。绵贯让治接着说道:"在有关日中关系的发言上,竹内

[①] 共产党和工人党情报局(Cominform)是1947年为对抗美国的封锁政策,欧洲九国的共产党为交换情报和协调行动而成立的机构。1956年批判斯大林后解散。——译者注
[②]《致日本共产党》作为《日本共产党批判之一》被收入《新编日本意识形态》(《竹内好评论集》第2卷),筑摩书房,1966年。此处引文引自本书。

工作的中心在于追究日本人对中国的战争责任。"绵贯认为这代表了老一辈的中国观,应该与新一代(例如坂本义和)的中国观同时入选。关于竹内,伊东光晴发言称,较之于《致日本共产党》一文,更早发表的论文《中国的近代与日本的近代》更让人印象深刻,永井道雄和桥川文三对此均表赞同,结果则是该文得以入选。

适才,我之所以对竹内的《中国的近代与日本的近代》入选"代表性论文"之经纬做了稍微详尽的介绍,是因为作为对战后社会极有意义的发言者,竹内虽在票选中仅次于丸山,但他是在何种意义上获得好评的,推选委员们的说法都甚为模糊。尽管作为推选结果可谓实至名归,但该文入选的确切理由却未见交代。在中国问题研究上曾与竹内组建过共同工作团队的桥川基本没有积极发言,让人颇感奇怪。这或许是因为,在战后20年这一时期,即便了解发言者竹内的分量,但要考察他对战后世界贡献了什么还为时尚早。

二 "鲁迅问题"

竹内是与"鲁迅"一道登上战后日本历史舞台的,至少对我们战后一代而言是这样的。战后抛给我们的"竹内问题"便是"鲁迅问题"。当时密切关注"人民中国"之建立,并对中国表现出浓厚兴趣的很多学生,后来都会谈及竹内"鲁迅"所带来的冲击。1944年底,作为"东洋思想丛书"中的一本,竹内所著的《鲁迅》由日本评论社刊行了初版本,当时他还在出征途中。战后的1946年,该书在第二次印刷时将书中的"支那"改成了"中国"。其后,1952年此书又被收入创元文库,再版本中订正了文字书写和假名用法。受到竹内之《鲁迅》冲击的战后一代,读到的恐怕便是创元文库版吧。饭塚浩二在竹内的《现代中国论》(河出市民文库,1951 年)[①]之"解说"中表示,他接触竹内始于阅读战时版的《鲁迅》(日本评论社),而这种情况应该不仅仅出现在饭塚这些战中派身上吧。我刚才比较详细地介绍竹内《鲁迅》的出版情况,是为了推测该书实际上所产生的冲击。创元文库版《鲁迅》出版之时,竹内的河出文库版《现代中国论》业已刊行。非但如此,在北京的天安门城楼上,中华人民共和国及其中央人民政府已面向世界宣告成立(1949 年 10 月)。也就是说,《鲁迅》带来的冲击便是《现代中国论》同时期带来的冲击,而从其根本上来说,也就是"人民中国"之建立所带来的冲击。"人民中国"之建立迫使日本人改变其中国认识。我认为,当时还是学生的战后一代是将这一冲击记忆表述成了竹内的《鲁迅》带来的冲击。

我在此作为主题处理的竹内之《现代中国论》就是迫使日本人的中国观发生转变的著作,书中的许多论文写作于"人民中国"即将建立的时期。首章《日本人的中国观》写作于 1949 年 9 月,末章《何谓近代(以日本和中国为例)》(此乃《中国的近代与日本的近代》改题之作)则写于 1948 年 4 月。而这本以对近代日本激烈的负面批评迫使日本人改变其中国认识的《现代中国论》,每一章都会谈及鲁迅,每一页的字里行间都能看到鲁迅。竹内的《现代中国论》是一本以鲁迅来讨论近代日本及其中国观之本质性转变

[①] 竹内好:《现代中国论》(市民文库),河出书房,1951 年。其后,1963 年,该书又作为劲草书房推出的"中国新书"之一得以再版。《新编·现代中国论》(《竹内好评论集》第 1 卷,筑摩书房,1966 年)是与前述《现代中国论》不同的另编的一本书。

的书。而《鲁迅》是即将出征的竹内写完并在其出征期间出版的。《鲁迅》中的鲁迅，被严厉审视着战后日本历史进程的竹内重塑为《现代中国论》中的鲁迅。战后一代所说的竹内《鲁迅》所带来的冲击，自然也就是与"人民中国"一道在《现代中国论》中被重塑的鲁迅所带来的冲击。在竹内那里，中国论是被作为"鲁迅问题"来处理的，这才是竹内中国论的独特位相。被战后一代当作《鲁迅》的冲击而接受的竹内之中国观，是作为"鲁迅问题"而建构起来的中国观。

那么，何谓竹内建构起来的"鲁迅问题"呢？我们仍须首先探求竹内《鲁迅》中"鲁迅问题"的原型意趣和语言。

三 否定、反语式的语言

关于鲁迅，竹内说他"想知其本源为何物"——"不是其思想、创作活动、日常生活和美学价值等，而是想了解使这诸多因素成为可能的本源是什么"①。"本源是什么"这种提问方式，是竹内所独有的。竹内好就是以这种对"本源"的追问成为文学评论家的。事物的"本源"便是其存在的"根本"，也是其"源头"。近代诸如海德格尔这般存在主义哲学家曾志在思考此种"本源"，在文学领域思考这类问题的可能就是浪漫主义者了吧。我在此非要将竹内指向"本源"的表述做一般化、类型化处理，是由于眼前竹内的文章拒绝了共有这一志向之外的理解方式。指向"本源"者的言说，有着只允许同道中人对其进行重构的特征。在《鲁迅》中则表现为以下

---

① 竹内好：《鲁迅》，未来社，1961年。

第十二章　原本就是憧憬对象的中国革命

评论：

若绝望也是虚妄，那么人还能做什么？绝望于绝望之人，只能做文学家。不依靠任何人，任何人都不能成为自己的支柱，因此，必须把所有这一切变成我的。

鲁迅是文学家，他首先是个文学家。他是启蒙者、学者、政治家，但因为他是文学家，也就是放弃了那些身份，因此外化出来的就是那些身份。

也就是说，从孙文身上看到了"永远的革命者"的鲁迅，是将自己视作"永远的革命者"。……不失败的革命不是真正的革命。革命之成功，不是要高喊"革命成功了"，而是要相信永远的革命，将现在看作"革命尚未成功"的状态而破坏之。

游离于政治的不是文学。从政治中看到自己的影子并破坏这个影子，换言之，即自觉到无力，由此，文学方成其为文学。

这里所引的文字，都只是些反复解释的文字，具有拒绝简单化解说的风格。无论是从"绝望""革命"还是从"政治"去论述，其论述都有着同样的风格，都是反语和负面的，是以反语式的语言做出了负面论述。那么，言说者是以什么为对象做反语式论述的呢？竹内与鲁迅一样，其反语式评论的对象包括：革命进行中或受挫或失败的世界，人们喧嚷着"成功了""失败了"的纷扰世界，以及在这世界中捕捉到的自己的影子。所谓以反语式的姿态面对世界，就是在完全消解了与世界之间的有用关系之处，发现了作为"无用者"的自己之位置，那就是反语式的"文学"或者说"文学家"的位置。但对现实政治世界做反语式应对的"无用者"——"文学家"，反倒在政治世界发现了与其根本相关、绝对相关的"文学"。因此，这种"文学"便是"永久革命"，真正的"政治"，也是真正的"文学"。这样，其文学便是绝对化的政治语言。竹内说：

> 真正的文学并不反对政治，但唾弃要靠政治来支撑的文学。它所唾弃的文学，在孙文身上看不到"永远的革命者"，而只看到了革命的成功者或革命的失败者。为什么说唾弃呢？因为这种相对的世界，是个"凝固了的世界"，没有自我生成的运作，因而文学只会死亡。文学诞生的本源之场，总要被政治所包围。

1920、1930年代的中国危机四伏——国民革命遭受挫折并最终失败，帝国主义的侵略和殖民地化危机日益严峻，分裂对立和内部抗争不断。上述引文便是鲁迅在这一历史语境下从根底上追问何谓"文学家"之语。鲁迅便是被竹内如此讲述的，"鲁迅问题"便是如此被建构的。

而在语言和表述方式上，竹内建构"鲁迅问题"的那种反语式、否定式的文学语言，与日本浪漫派的保田与重郎对危机中的日本之表述有着共通之处。现在就让我们在"文学"及其根本的政治性相关话语构成上考察他们的共通性。日本浪漫派的同人们从与现实政治世界彻底无关的位置,抑或对"时代"这一闭塞历史状况之全面否定者的位置出发,反过来发现了与世界的根本性变革、与其根源性复生相关的"诗人"。就同时确保了"破坏与建设共存的自由日本之反语"——日本浪漫派运动,保田与重郎表示:

> 日本浪漫派运动是从咏叹即将崩溃的日本体系开始的。因此,即便是现在,站在真正的国粹立场上,在我国文艺所处的真实位置上思考文艺,将身家性命寄于文艺所映照出的千古宏愿者,就是这一派的诸位。(《近代的终结》之"我国浪漫主义之概观"①)

"即将崩溃的日本体系",便是受"近代主义"——"文明开化文化"之浸润、蹂躏而濒临崩溃的"日本体系"。归根到底,保田将侵犯了日本的文化称作"意图使整个亚洲殖民地化的西戎风文化"。他说,自然主义文学家曾将日本社会的悲痛理解为"半封建化生活"的悲剧,并尝试文学化地表现他们的反思,但自然主义自始至终都只是在反思。保田认为,直面即将崩溃的日本体系,与国家和民族命运休戚与共,并试图以其咏叹复活日本的千古宏愿者只有日本浪漫派的作家们。而即将复生的日本要求有"诗":

> 今天,人们大声疾呼诗的必要性。不消说,诗被视为

---

① 保田与重郎:《近代的终结》,小学馆,1941年。引自《保田与重郎文库9》,新学社,2002年。

日本创造新日本国机运的表达。此等国家的命运，要求有诗。(《时代与诗的精神》)

从对日本近代的总体性否定开始，"诗"是被作为对日本的反语式语言，作为日本从根本上复生的语言，而从传统之中被唤起的。

若看不到日本浪漫派的保田与重郎和竹内好之间在语言和激情上的共通关系，便不会理解竹内在《现代中国论》中的表述，也不会理解竹内全面否定日本近代的话——"让我看看日本近代历史上还有哪种观念没有腐朽，存续至今？哪种学问没有堕落？哪种文学没有堕落？日本近代文学的历史不就是一部人的堕落史吗？若非如此，为什么拒绝堕落的少数诗人会失败呢？"(《何谓近代》)也不会明白失败的"少数诗人"指的是谁吧。

四　光彩夺目的"中国革命·共产党"形象

竹内的《现代中国论》是以一篇题为"日本人的中国观"的文章开篇的，该文原题《传统与革命——日本人的中国观》，刊载于《展望》1949年9月号。如此说来，此文写作于"人民中国"即将成立之时。文中，竹内对即将取得建立"人民中国"之成就的中国革命及其领导者中国共产党，做出了这样的描述：

中共所依靠的道德有多高尚，这一道德在民族一以贯之继承至今的固有传统中植根有多深，不站在这种根本性的观点上，就无法理解今天的中国问题。中共虽借助马克思主义，但对其接受是很有个性的，而其道德则是固有之物。若非这种自律性的运动，在逻辑上恐怕就无法说明其今日之成功了吧。

中国革命是民族内在本源之力的显露，即便借助外力，其运动本身也常是自律的。

中国的近代史，在另一方面是宗教改革缓慢实现的过程。中共是传统最为彻底的否定者，从这个意义上来说，又是民族最高道德的体现者。这可以从认识程度较低的民众那里得到证明，在他们眼里，毛泽东是跟与古代圣贤相当的基督式形象联结在一起的。在中国，否定传统本身便根植于传统。①

在这里，我们战后一代中的很多人通过竹内而理解的"中国革命"和"中国共产党"被他表述得绚丽夺目。"中国革命是民族内在本源之力的显露，即便借助外力，其运动本身也常是自律的。"竹内的这句话，毫不留情地刺透了享受着美国占领军所带来的解放与民主主义的战后日本人，同时也告诉了读者，与日本的冒牌革命所不同的中国的正牌革命为何物。是竹内，而不是任何共产主义者和马克思主义者，告诉了战后的我们何谓正牌革命。他为我们描述的"中国革命"和"中国共产党"形象带着耀眼的光辉。而这带着

---

① 竹内好：《日本人的中国观》，收入《现代中国论》。着重号为子安所加。另外，引文中的"宗教改革"意指五四运动以来对孔子和儒教的批判。

光辉的"中国革命"和"中国共产党"形象意味着什么,容后讨论。在这里,我要思考的是在竹内的思想脉络中,这些迫使我们战后一代中国认识转型的表述之由来。

当然,接受了竹内这些冲击性表述的我们,不可能去追问在他那里,这些话何以成立。半个多世纪过去了,时光让我们叩问战后的竹内何以会说出"中国革命是民族内在本源之力的显露,即便借助外力,其运动本身也常是自律的""中共是传统最为彻底的否定者,从这个意义上来说,又是民族最高道德的体现者"这般极为迷恋的、浪漫派的文学化言辞。这一追问,旨在推动人们从受竹内中国认识之咒语束缚的涉华言说与见解中解脱出来,从而正面面对中国。

五 对鲁迅进行的"奴才论"式重构

战后的我们既听到了对近代日本的自我否定,又接受了竹内好的中国革命乃正牌革命之论。我们通过这一自我否定而接受了竹内塑造的"中国"形象。如其所示,竹内所谓中国的正牌"革命",是在与他彻底批判、否定的近代化进程先驱——日本之冒牌革命相对的意义上描述出来的。要从竹内的文脉中追问"中国革命"何以为正牌,恐怕只能找到他彻底否定冒牌"日本"的言辞。现在我们就从《日本人的中国观》中寻找例证吧。竹内说中国的革命就是与国民党思想对立的、中共的"思想革命",他以假托日本共产党之名批判日本的形式,阐释了其内涵:

之所以这么说,是因为日本共产党没像中共那样,在与既成政党思想对立的意义上进行战斗。日̇本̇社̇会̇中̇没̇有̇孕̇育̇这̇种̇思̇想̇对̇立̇的̇基̇础̇。也̇就̇是̇说̇，日̇本̇没̇有̇思̇想̇，通̇行̇的̇思̇想̇都̇只̇不̇过̇是̇观̇念̇上̇的̇借̇来̇品̇。在̇日̇本̇，我̇们̇只̇是̇从̇外̇部̇世̇界̇借̇来̇其̇既̇有̇的̇观̇念̇，未̇曾̇有̇过̇创̇造̇孕̇育̇自̇己̇思̇想̇之̇基̇础̇的̇运̇动̇。试比较日本近代史和中国近代史，你就会很清楚地感受到两者之间的差距。我想，这就是虽同为共产主义，但中国与日本之间会出现质性差别的原因。（着重号为子安所加）

日本"没有思想"这句话，让人想起了认为"日本什么都不是"的竹内在《何谓近代》(《日本的近代与中国的近代》)中在终极意义上否定日本的表述。通过对冒牌日本之否定，以反语的形式道出"正牌"的中国及其革命，可以说这是在"人民中国"即将成立的1948、1949年的战后日本语境下，竹内对1943年在《鲁迅》中所运用的那种语言和话语方式的复活。而使这种复活成为可能的，是经由"奴才论"式的重构而形成的"鲁迅问题"。

"奴才论"，指的是竹内从鲁迅的寓言小品《聪明人和傻子和奴才》中形成了以作为觉醒的奴才、抵抗主体的奴才[*]（=鲁迅）视角，批判、否定近代日本之奴才性的话语方式。关于竹内的"奴才论"我已在《何谓"现代的超克"》中有过详论，在此不再重述了，只想重审他从"奴才论"视角对鲁迅进行的重构。竹内对无法向外

---

[*] 关于竹内好对鲁迅有关"奴才"与"奴隶"问题的理解与阐发，请参见《何谓"现代的超克"》（生活·读者·新知三联书店2018年版）第134页注释③。——编者

界求助的奴才身份有所自觉，同时还对拒绝做奴才的奴才做了如下论述：

> 奴才拒绝做奴才，同时也拒绝解放的幻想，带着身为奴才之自觉去做奴才，那是从"人生最为痛苦"的梦中醒来时的状态。那是一种没有路却又必须走下去，毋宁说，正因为没有路所以才必须走下去的状态。他拒绝做自己，同时也拒绝做自己之外的任何人。那就是内在的、使鲁迅成其为鲁迅的绝望之意义。绝望表现为去走无路之路的抵抗，抵抗是作为绝望的行动化而展现出来的。从状态上来看，即为绝望；从运动上来看，即为抵抗。在那里没有人道主义存在的余地。(《何谓近代》)

鲁迅就是这样被竹内进行了"奴才论"式的重构。作为对《聪明人和傻子和奴才》的解释，竹内的"奴才论"式阅读是否正确自不待言，这是竹内对鲁迅的创作性重构。我在《何谓"现代的超克"》中说道："昭和20年代的竹内在绝望的现实中，将其在昭和10年代所理解的、根本性的'正牌'——文学家鲁迅，作为坚持做自己、尝试去走无路之路的'正牌'抵抗者予以再认识。而这是虚构的、被制作出来的鲁迅。"[①] 那么，从这被制作出来的"鲁迅"，也就是被进行了"奴才论"式重构的"鲁迅"那里，竹内好发现了什么，又想说些什么呢？

---

① 《日本近代批判与"奴才论"的视角》，收入《何谓"现代的超克"》。

六 "自觉到败北感的败北"

竹内是在重审东方近代化的意义上对鲁迅进行"奴才论"式重构的。日本的战败，美国的占领与解放，以中国革命为代表的亚洲民族主义运动的兴起，这些都要求日本人直面从历史基底重审"日本与东方的近代"这一课题。竹内即是以建构"鲁迅"的视角来回应此课题的。

竹内说："东方的近代乃欧洲强制的结果。"他将东方的近代化理解为欧洲在东方自我实现的过程，或者说是欧洲将东方纳入世界史的过程。这个过程便是欧洲前进和东方后退的过程，或者也可以说是前者胜利和后者败北的过程。在此我想先确认这样一个事实，即竹内是在观念上将东方的近代化理解为欧洲近代在世界史意义上的实现过程。也就是说，竹内的近代化论述所指向的并非东方或者中国独特的近代，其特色在于，将东方的近代化表述为欧洲的胜利（前进）和东方的失败（后退）。

> 欧洲通过东方的抵抗，将其纳入世界史的进程中，并从中确认了自己的胜利。这在观念上被认为是在文化，或者民族，又或是生产力上的优势。在同一进程中，东方则承认了自己的失败。失败是抵抗的结果，没有不抵抗的失败。因此，抵抗的持续便是败北感的持续。①

竹内讨论的是欧洲的胜利和东方的失败。但他谈论东方之失败

---

① 竹内好：《何谓近代》(《中国的近代与日本的近代》)，着重号为子安所加。

的文字，特别是我加着重号部分的文字带着竹内所特有的、不易理解的晦涩感。竹内将"自觉到败北的败北"称为败北感的持续，同时也将之称作抵抗之持续。这个词的对立面，则是"没有败北感之自觉的败北"。但他并未预先言明"没有败北感之自觉的败北"是指谁的、怎样的败北。他默然否定了这种败北，只是反语式地讲出了"自觉到败北的败北"。这是竹内独有的修辞方式。读者在与其晦涩的修辞打交道的同时，会去琢磨何谓"无须自觉败北的败北"，在这过程中，就会领悟到竹内所默然否定的这个词究竟何意。这或许就是竹内这位浪漫派文学家的文章结构。但现在我们要解读由这些竹内式修辞结构而成的文字，就要去对沉默的否定态——"没有败北感之自觉的败北"之内涵做一番考察。

问题出在欧洲在东方取得胜利（前进）这一近代化进程。如若东方是通过自身主动与欧洲同一化而开始了近代化进程，那时，即便东方失败也不会有败北者之自觉，反倒会滋生出一种自己与欧洲同为胜利者般的自我欺瞒心理。没有败北者之自觉的东方，不消说指的就是日本，脱亚入欧的日本。日本就存在于"没有败北感之自觉的败北"这一否定性修辞中。关于"自觉到败北感的败北"，竹内说：

> 败北感之自觉，就是通过拒绝处于从属地位的自己（败北中的自己）之败北这种次生性抵抗而发生的。在这里，抵抗是双重的——对于败北之抵抗，同时，还有对试图承认败北抑或遗忘败北之抵抗。

将竹内讨论"败北"的话誊录如上，就会知道，将这里的"败北"置换为"奴才",便是他的"奴才论"。实际上,竹内说他"曾被问及何谓抵抗,只有回答说,就是鲁迅身上的那种东西"。他借鲁迅的话说:"带着身为奴才之自觉去做奴才","从状态上来看,即为绝望;从运动上来看,即为抵抗"。在回答说所谓"抵抗""就是鲁迅身上的那种东西"之后,竹内说:"而且,那是日本所没有或者稀有的。而我则是据此对日本和中国的近代化进行比较和思考的。"他表示,自己是通过对鲁迅"奴才论"之重构,在欧洲所推动的东方近代化进程中对中日两国进行比较的,但这并不意味着孰先孰后吧?可以说,是日本战败和进行中的中国民族革命这一东方局势促使竹内对鲁迅的"奴才论"进行重构的。《现代中国论》的确是1943年版《鲁迅》的战后版。

七 日本什么都不是

东方近代化进程表现为欧洲之前进(胜利),在这个意义上的日本和中国,若从"鲁迅"(="奴才论")的视角进行观察,能得出怎样的结论呢?关于中国,我们似乎只能从竹内那里听到"自觉到'败北'(奴才身份)的败北者(奴才)"这般极具文学性的反语表达。我们勉强可以从"没有不抵抗的失败。因此,抵抗的持续便是败北感的持续"这些话中发现,"既无败北,因此亦无抵抗"的日本只能从中国那里试想我们所欠缺的东西。对中国只能做反语式表达的竹内,在论及以此反语为前提、作为否定态存在的日本时却断言得斩钉截铁。从彻底否定日本的意义上来说,竹内的表述是很明确的。他说,日本自明治以降"迅速堕落了下来。处于堕落方向上的精神,主观上当然不会察觉到自己的堕落"。在近代日本,完全没有将与欧洲式进步同一化之举视为堕落的自我认识。"这是为何?是因为没有抵抗,也就是没有保持自我的欲求(没有了'自我'本身)。没有抵抗,就是说日本不是东方式的;同时,没有保持自我的欲求,就意味着日本不是欧洲式的。换言之,日本什么都不是。"(着重号为子安所加)

看看竹内是如何讨论那几乎被其全盘否定的日本的吧。此类负面言辞在《现代中国论》中反复出现。在说过"日本什么都不是"之后,竹内随即谈到了日本的堕落:"(日本的)学者称之为进步者,在我看来,乃是学问之堕落。只不过学者戴着进步的眼镜,因此看不到而已。所谓的进步,便是摘下眼镜后看到的堕落。抽取出观念之时,观念已经腐朽。若有人认为观念未腐,那就让我看看日本近代历史上还有哪种观念没有腐朽,存续至今?哪种学问没有堕落?哪种文学没有堕落?"1948年时的日本,虽说处于自我批判的状态之中,但竹内的负面言辞却格外显眼,低沉瘆人。但我想提醒各位注意的是,竹内的这些言辞是在关于东方近代化的"奴才论"问题结构中表述出来的,是对"日本式近代"或曰"日本式近代化"的彻底批判。正因如此,我才关注到竹内与昭和10年代"日本式近代"的批判者、日本浪漫派的保田与重郎在根本上是一致的。彻底否定"日本式近代"的堕落性和奴才性,就等于是以反语的形式暗示出"正牌"的近代,只要是这样,我就可以说竹内是正牌的近代主义者。

八 作为反语的中国

彻底批判"日本式近代"的竹内之负面言辞,暗示了与作为反语的日本所不同的中国。然而,如前述引文所呈现的那样,在"人民中国"即将建立之际,存在于"没有不抵抗的失败。因此,抵抗的持续便是败北感的持续"这种反语式、文学性表达中的中国,被表述为了拥有正牌的民族国家与革命的国度。这段引文不妨再次引述如下:

> 中共所依靠的道德有多高尚,这一道德在民族一以贯之继承至今的固有传统中植根有多深,不站在这种根本性的观点上,就无法理解今天的中国问题。中共虽借助马克思主义,但对其接受是很有个性的,而其道德则是固有之物。若非这种自律性的运动,在逻辑上恐怕就无法说明其今日之成功了吧。

> 中国革命是民族内在本源之力的显露,即便借助外力,其运动本身也常是自律的。

这便是在视"日本式近代化"为"冒牌",并对其予以彻底否定的竹内笔下,作为负面日本之反语而被表述出来的、"正牌"的中国及其革命。但作为反语而被表述出的"正牌"性,是由何为"冒牌"所界定的。所谓"冒牌",说的是日本的近代化及其革命(明治维新、战后改革)。若以此为"冒牌",那何为"正牌"呢?前述引文中我加着重号的部分已做了相关表述。心急地说出来,那就是中国真正的民族主义革命吧。但这却不是此处该说的问题。

最后,应该说,作为被全盘否定的日本之反语,中国及其革命因其民族的"本源性"而被予以了全面肯定。在前述引文中,无论是中国革命还是中国共产党无不散发着耀眼的光芒。对战后一代而

193

言,竹内的《现代中国论》及其建构起来的"鲁迅"确实是有冲击性的。伴随着这一冲击,关注战后中国的很多中国研究者,在竹内全面肯定性言辞的影响下,对中国革命和中国共产党也予以了全面的承认;在了解到1960年代后期"文革"的景况之后,才将自己与被全面肯定的中国革命和中国共产党拉开距离。沟口雄三站在"文革"后的时点上对其中国认识进行了再探讨,并回忆了他们中国研究的出发点——竹内好式的"中国形象"。沟口说,他们这些战中或战后成长起来的中国研究者之起点是"对战前、战中的——例如津田左右吉等人——近代主义式中国观的负面批判抑或排除",而其批判的有力依据便是竹内好。竹内所建构起的"中国"作为沟口等人中国研究的起点,已被作为应予以克服的问题而进行了反省式的整理,兹引如下:

> 在这种情况下,一个有力的依据可能就是像竹内好在《鲁迅》和《中国的近代与日本的近代》中所展现出的中国观吧。那是对日本所谓脱亚式近代主义的自我批判,不妨直言,我们中国研究在起点上首先基本都有这样一个憧憬。……这种憧憬不是以客观的中国为对象的,而是指向了自我主观内在层面折射出的"内在于我的中国"。因此,这个"中国"是对日本式近代彻头彻尾的反设定,它原本就是被憧憬的对象。①

---

① 沟口雄三:《作为方法的中国》,东京大学出版会,1989年。

第十三章
文学化、过于文学化的"毛泽东"
——读竹内好的《评传毛泽东》

> 而今马克思主义与之合体,成为毛泽东主义的同义词。他自身自然也就成了创造的根本。这便是纯粹毛泽东或曰原始毛泽东。
>
> ——竹内好:《评传毛泽东》

一 战后的两篇代表性论文

战后二十多年过后,竹内好在收入其评论集《预见与错误》①的演讲文《中国近代革命的进展与日中关系》中,对自己战后的言论做了一番自我评价。购买这本书时,我原本期待竹内能如书名所示,在这本汇集了自己在1960年代中国"文化大革命"时期相关言论的评论集中,对其中国革命观有所检视,但在这一点上我完全预料错了。②试想,竹内绝不会谈及自己中国观中的什么"预见与

---

① 竹内好:《预见与错误》,筑摩书房,1970年。在"后记"中竹内交代:"4年前出版了三卷本的《竹内好评论集》后,我退出了评论工作。……但连载类抑或与事后处理相关的文章却无法一举处理停当,这本文集便是遗留作品的整理。""4年前"指的是1966年。
② 该书中有一篇为"预见与错误"的文章,这是《日本读书新闻》围绕前注中提及的三卷本《竹内好评论集》之刊行而对竹内进行的采访之标题。题目恐怕是《日本读书新闻》的编者所加的。竹内好称:"这次出版了三本评论集,因此得以重读自己的文章。我常常会想,自己怎么说过这样(转下页)

错误"，所谓"预见与错误"，说的是蠢笨的近代日本人之中国观乃至历史观的问题。尽管此书在这一点上与我的期待相左，但我要说的是另一个问题：它居然将"文化大革命"这一大动乱作为中国的"永久革命"，纳入到冗长的革命进程中；而对此几乎是无动于衷的竹内那完全"成熟"的思考态度看起来真令人腻烦。

不过，这本评论集在内容构成上包括了竹内创作于1960年代、却未被收入筑摩书房1966年版三卷本《竹内好评论集》中的评论、演讲、报告和记录等。其中一篇是1968年10月在福冈联合国教科文组织协会上发表的演讲——《中国近代革命的进展与日中关系》，这恐怕是在以"日本近代化论"抑或"近代化的比较研究"为主题的学术研讨会上发表的演讲吧。演讲之初他也确实说过这样一句话——"关于今天的课题——近代化的问题，战后我较早地就这一问题有过表态"。回顾自己的表态，竹内表示：

> 问题是，战后我在与近代化相关的领域做了怎样的工作，今日回首，应如何历史性地予以评价。就像概要中所写的那样，我有两篇代表性的论文。一篇是1948年写作的《中国的近代与日本的近代》，另一篇则是1951年写作

（接上页）的话，也有时反倒会佩服自己写过的一些文字。哎呀，我觉得自己的写作是过于努力和认真了。从去年春天起已经不写评论文章了，觉得该说的都已经说完了，没有什么新的看法要表达，所以自然也就停笔了。尽可能地断绝与外部的接触，而让自己独处——还不知能再活几年呢——还是想把时间交给自己支配。"以这段话开始的采访稿，在内容上与"预见与错误"这一标题让人预想到的自我验证相去甚远。"去年春天"指的是1965年春天。中国"文化大革命"之时，竹内表明"断绝与外部的接触"。

的《评传毛泽东》。尽管都是陈年旧事,但从发现问题的层面而言,后来自己也未有进步,因此接下来我想就两篇文章中我所关注的问题及其与近代化问题之间的关系谈谈自己的感想。

竹内的这篇题为"中国近代革命的进展与日中关系"的演讲穿插着对战后伊始自己相关工作的回忆。而在这里我所关注的是,竹内将《中国的近代与日本的近代》和《评传毛泽东》两篇论文视为代表了他战后早期工作并与"近代化问题"相关的作品。前者以"奴才论"为中心比较了两国的近代化,放弃了以时间性尺度评价近代化进程的模式,这无疑是竹内关于"近代化问题"所独有的表述。[①] 但将《评传毛泽东》也视为与该问题相关的代表性论文,这就让我重新思考此文在竹内脉络中的意义。作为中国独特的近代化实现路径,中国革命及其思想集中体现在毛泽东一个人身上,而竹内恐怕就是如此阅读毛泽东的吧。

竹内的发言将这两篇论文视为其代表作,对此,我的另一个关注点在于,他说"从发现问题的层面而言,后来自己也未有进步"。竹内表示,关于日中近代化、中国的近代化及其革命的相关问题,他已在两篇论文中将问题架构及其展开理路等该说的都说清楚了,而所谓"后来自己也未有进步"一言却是不可听漏亦非仅限于现场的表态。他不再将问题置于中国革命及其后续的发展脉络中予以重审和推进。在"人民中国"成立这一时期,他并未重新审视

---

① 关于竹内基于"奴才论"视角对日中近代化所做的讨论,请参考前一章"原本就是憧憬对象的中国革命"。

其中国观,或者说毛泽东式的中国革命观,更别提修正了。在战后伊始,"人民中国"成立时期,竹内的中国观、中国革命观绝非不当的"预见",因此亦非"错误"。

二 日中近代化对比论

竹内的中国观、中国革命观是在战后日本、面对"人民中国"之成立而展开的近代化论讨论框架中形成的。不过,近代化问题成为学术界和舆论界的主要议题却是1960年代日本经济增长时期的事了,致力于将近代化论导入日本的是美国的日本研究者们。1960年夏末,日美两国的学者在所谓"箱根会议"上,围绕适用于日本的近代化概念架构展开了讨论。① 在战后日本的重大转机——安保斗争以失败告终、日美新体制由此开始的那年夏末召开的"箱根会议",有着预示60年代以降日本发展方向的历史意义。经历了60年代,近代化论成了日本学界、言论界的主流话题和学术课题。文初所提到的竹内在福冈联合国教科文组织协会上的演讲,也是在一个围绕近代化问题召开的小型研讨会或学术会议上发表的。

竹内在这次演讲中提到,他在战后早期便论及了近代化问题及其个人近代化论的特性。他的近代化论是不久后登场的同类论述之

---

① 为"关于日本近代化的国际学术研讨会"而举行的箱根预备会议(近代日本研究会议主办)于1960年8月29日至9月2日召开。美国的约翰·W.霍尔、马里乌斯·詹森、埃德温·赖肖尔等人,以及日本的加藤周一、川岛武宜、高坂正显、丸山真男、大来佐武郎等人与会。安保斗争结束的那年夏天召开的这次会议是有着重大政治意义的会议。请参考M.B.詹森编,细谷千博编译:《日本的近代化问题》,岩波书店,1968年。

先声，同时，从其倾向之中也可观察出60年代近代化论的弱点和缺陷等。竹内试图通过对中日两种类型的对比，来考察后发国家的近代化。在演讲中他说明道：

> 日本和中国，在以西欧为典范开始近代化这一点上是相同的，但其后的发展路径迥异，不能用同一种基准去衡量。因此，后发国家的近代化至少存在两种以上的类型，不是吗？设若我们将其名之曰日本型和中国型，则这两者的运行法则无疑是不同的，不能以一方的法则去衡量另一方。日本人中国认识之误盖因于此。①

竹内认为，后发国家以西欧之近代为典范的近代化路径是多样的，其中日本和中国的近代化存在着堪称互反的差异性。他将日中两种近代化在类型上划分为日本型和中国型，并进行了比较考察。但竹内实际上却并不是在后发国家多样的近代化模式中对日中两国的近代化类型进行相对化比较研究，而就像我在前一章"原本就是憧憬对象的中国革命"中所看到的一样，那是通过对"屈从的、他律的、虚假的"近代化日本之否定，导向了对"抵抗的、自律的、真正的"近代化中国之肯定的日中近代化对比论。这并非竹内亲口表述的后发国家近代化中的日中类型对比。近代日本以脱亚入欧的方式与近代欧洲同一化，以优等生的方式走上了近代化的道路；换言之，它与欧美国家一样，在中国大陆发动了帝国主义战争。竹内对近代日本的全面否定，在形式上表现为从中国及其革命中读出值

---

① 竹内好：《中国近代革命的进展与日中关系》，收入《预见与错误》。

得肯定的、真正的近代化变革。这并非对中日近代化进行相对化操作的比较论，而是断定其真伪的绝对化比较论。

可以说，是战后日本的历史状况，使竹内对日中近代化的比较论述带有了绝对化特征。但这种绝对化的对比论所带来的竹内对中国及其革命形象之建构，强有力地渗透到因"人民中国"之成立而重新开始关注中国的战后日本人尤其是学生们身上。而他们的中国观、中国革命观投射到不久之后历史进程中时所产生的诸多问题，是竹内这种绝对化的对比论本身业已存在的问题。在这里，让我们围绕竹内所谓"近代"抑或"近代化"概念的相关问题进行考察。

三 何谓中国的"近代"

竹内提到了"以西欧为典范的近代化"。日本和中国的近代化，同是以西欧为模板，但竹内却不曾交代日中两国分别奉为典范的西欧之近代究竟是什么。可若不说，就不准确了。他雄辩地讲述了西欧近代在世界史上所呈现出的历史样态，在《中国的近代与日本的近代》中，他声称，欧洲的近代就是将亚洲纳入其世界史的进程。

> 无论欧洲如何理解，东方的抵抗一直在持续。通过抵抗，东方实现了自己的近代化。抵抗的历史便是近代化的历史，不经由抵抗的近代化之路是不存在的。欧洲在通过东方的抵抗将东方纳入世界史的过程中，认定了自己的胜利。那在观念上被认为是文化，或是民族，又抑或是生产力的优越之故。在同一进程中，东方承认了自己的失败。

欧洲一步步前进，东方一步步后退。后退是伴随着抵抗的后退。对于欧洲而言，这一前进和后退被认为是世界史的进步和理性的胜利，而这一切通过抵抗、在持续的败北感中作用于东方之时，失败便已成定局。①

要以我的话去解说竹内所有这些省略掉说明性言辞的文字，可能要耗费几章的篇幅。现在我们只需看到，在竹内那里，欧洲、近代以及东方的近代化只能被如此论述，便已足矣。这些文字所记述的是欧洲的胜利、东方的失败和抵抗这一类被称作世界史之近代的时代运动。竹内说，欧洲的胜利在观念上被认为是"生产力的优越""世界史的进步"和"理性的胜利"。如此一来，竹内岂不就把胜利的欧洲近代定义为"生产力的优越""世界史的进步"和"理性的胜利"了吗？但他所说的，是西方前进和东方后退这一近代世界史上的欧洲胜利就是被如此认识的。他的意思恐怕是说，如此理解胜利的欧洲近代亦无妨，不过自己要谈的并非"近代"的定义。前文所引竹内文字的重点应该是"通过抵抗，东方实现了自己的近代化。抵抗的历史便是近代化的历史，不经由抵抗的近代化之路是不存在的"这一句吧。但我们该如何解读这一竹内式的、太过竹内式的表述呢？所谓东方的近代化，指的是以存在自律性的抵抗主体为前提的运动、激活历史的运动吗？竹内的确否定了缺失"抵抗"的日本近代化，称其"什么都不是"，而对毛泽东革命以及"人民中国"之成立却给予肯定，正是因为后者是自律性的抵抗主体所推

---

① 竹内好：《中国的近代与日本的近代》，载《日本与亚洲》(《竹内好评论集》第3卷)，筑摩书房，1966年。

动的近代化运动。

在表述近代东亚地区的世界史运动之时，竹内在对日中两国"近代""近代化"的论述中，不会去明确界定何谓"近代"、何谓"近代化"，而只是将问题集中在东方的近代化这一由自律性主体所推动的运动上。或许他认为通过这一运动，由主体承担的"近代""近代化"都以新的价值和意义得以实现。竹内说，"人民中国"所展现出来的便是新的意义和价值。如果说，竹内将"人民中国"成立前中国内在的、民族性的主体抵抗和斗争、成长、成熟统统归结在毛泽东身上，那么他笔下"毛泽东"的人格形象便是以新的价值、革命性地完成了的"中国式近代"之道成肉身①。就这样，追溯着1960年代之竹内论述的我突然一转，读起了他写于1951年的《评传毛泽东》。

四 《评传毛泽东》

竹内举出了《中国的近代与日本的近代》和《评传毛泽东》两篇论文作为其战后早期发言的代表作，并表示自己后来未能取得超越其上的进步。据说，《评传毛泽东》初载于《中央公论》1951年4月号。如此看来，这两篇文章分别是在"人民中国"成立之前和之后不久撰写的。竹内试图从毛泽东身上读出或者说他认为能够读出"人民中国"成立之前，中国这一内在性主体的一切抵抗与斗争、成长与成熟。竹内在《评传毛泽东》中说："作为思想家的毛

---

① 道成肉身，基督教的根本教义之一，指神作为基督以肉身成人，降临人世间。——译者注

泽东,是一位像年轮一样成长的人。"且看他是如何表述毛泽东其人及其思想的成长、成熟之类型的:

> 当然,也并非没有发展,发展是以成熟的形式实现的。那是从极具个性的艺术家身上可以看到的类型。成熟的特征,一言以蔽之,便是贴近民众的感情,走向回归传统的方向。

关于毛泽东的"文章",竹内认为:

> 以强烈的意志压缩现实,并从中提取法则。因听命于这一法则反而控制了现实,而非以某种保留性的主观去切割现实。主体是无,并在超越性层面与全体对象相契合。在毛泽东的历史观中,历史不是被给予的,而是能统率于现在意志之下的,是可为的。①

竹内描述毛泽东其人成长、成熟的话,即是其描述中国及其革命之成长和成熟的表述。他所说的毛泽东之文章,不外乎是指中国革命的文章。中国的革命及其思想,都被还原到了毛泽东这一人性主体上。阅读中国革命,即是阅读毛泽东这个人,《评传毛泽东》一文便是这样写就的。竹内说:"我想把毛泽东这一个人的形象理解为历史性形成的存在。因此,我不能直接去触碰党史。不是从党史上看毛,而是在毛的人际关系层面参照党史。"即中国共产党党

---

① 竹内好:《评传毛泽东》,载《新编现代中国论》(《竹内好评论集》第 1 卷),筑摩书房,1966 年。

史存乎于毛泽东一人身上。竹内说，他想去理解作为"人"的毛泽东形象，并认为成就了今日之"人民中国"的中国革命就是毛泽东这个人领导的革命，他以身为文学家的特权性，在《评传毛泽东》中落实了他的这番见解。

身为文学家，便拥有用语言性的嗅觉介入任何人性状况的特权性。从战争和革命这类国家、民族的事件，到社会状况、个人事情，文学家都会以文学式的嗅觉介入其中，并留下某些文学证言。而文学家是从何时开始拥有这种特权性的呢？这种特权来源于19世纪形成的资产阶级社会与自然主义文学吗？还是因为充满着战争与革命的20世纪要从文学家那里寻求证言之故？当然，并不是每个文学家都在默然之间被赋予了这一特权。就如我们在上一章所看到的那样，在国民革命发展、挫折，运动遭遇内讧的中国，竹内从鲁迅身上探求了身为文学家的根本性意义，并从中发现了透过文学家身份与1920年代的中国现实形成关联的根本性姿态。为了理解在竹内那里发现鲁迅和言说鲁迅是去发现什么、言说什么，让我们再来看看所谓的鲁迅又是怎样的鲁迅：

> 那是一种没有路却又必须走下去，毋宁说，正因为没有路所以才必须走下去的状态。他拒绝做自己，同时也拒绝做自己之外的任何人。那就是内在的、使鲁迅成其为鲁迅的绝望之意义。绝望表现为去走无路之路的抵抗，抵抗是作为绝望的行动化而展现出来的。从状态上来看，即为绝望；从运动上来看，即为抵抗。在那里没有人道主义存在的余地。(《中国的近代与日本的近代》)

另外，竹内评论鲁迅的《狂人日记》曰：

> （《狂人日记》这部作品）具备着除了自我证明之外无须说明的艺术完整性。那是人不借助外力而获得新生的唯一基础。可以说这是文学的根本。故而，从这一根本出发，结果是中国现代文学获得了具有民族特色的自律性发展。（《文学运动》）①

阅读鲁迅，使竹内好在中国主体性形成的层面讨论中国成为可能。将鲁迅作为自家视角的文学家竹内，成为在战败日本与革命中国之间拥有特权的言说者。他将身为文学家和中国真正解读者的自己，强硬地置于马克思主义历史学家和社会科学家的对立面。《现代中国论》一书便是由带着鲁迅视角的竹内以文学家的特权性言说写成的书。我要读的是竹内的《评传毛泽东》，却不意绕远了。

五 文学化、太过文学化的"毛泽东"

竹内在《评传毛泽东》中说："毛泽东也在1920年成了自觉的马克思主义者。"那么，竹内是如何理解变身为马克思主义者的毛泽东的呢？他说："我在此假定存在着可称之为纯粹毛泽东或曰原始毛泽东的存在。若由此出发，在逻辑上能重构毛泽东，我的实验便成功了。这种情况下，我选择的样本是1927年至1930年

---

① 竹内好：《文学运动》，载《现代中国论》，河出市民文库，1951年。

的毛泽东。"①《评传毛泽东》一路读到此处，我不由得惊呼："这不是《鲁迅》嘛！"《鲁迅》一书探究了鲁迅在1920年代的中国成为文学家的根源性，而《评传毛泽东》亦采取了同样的写法，现在竹内要探求的是在1920年代末至1930年代的中国，毛泽东成为中国式马克思主义者、革命家的纯粹性。那么，1927年至1930年是个怎样的时期呢？以竹内的说法："遵照党的最新方针，毛泽东被派往长沙。目的是在湖南组织劳农革命军，开展土地解放运动，建立脱离国民党的独立政权。这就是著名的秋收暴动。由武装农民、安源煤矿的劳动者、国民党叛乱军队混编而成的这支军队，一边与国民党军队战斗，一边自湖南省南下。由于军纪涣散，不断有人逃跑，数千人的军队最后只剩下一千人。最终，军队抵达了与江西省交界处的天然要塞——井冈山山寨。"以这井冈山为根据地的战斗，才是塑造了中国式马克思主义者、革命家毛泽东的战斗。

　　追根溯源，所有一切都源自井冈山；遇到危机时，想到的也是井冈山。而代表了井冈山之人格的便是毛泽东。

竹内说，身在井冈山的毛泽东是失去一切、"一无所有的人"，他失去了人生至此所有的一切，并且"无论是共产国际，还是党中央、省委，所有党的机构都排斥他，他在党内陷入孤立无援之境。……总之，他失去了一切，所有一切都要求从头再来"。竹内说，在失去一切之时、成了"一无所有的人"之时，他的思想——

---

① 引自竹内好：《评传毛泽东》，着重号为子安所加，以下引用亦然。

毛泽东主义形成了。他在讨论"纯粹毛泽东""原始毛泽东"之形成时，写下了如下文字：

> 毛泽东思想形成于这一时期。其原型是在他内外交困之时、丧失一切之际，一切又可能尽为其所有之时建构起来的。此前一切外在的知识、经验都从离心状态朝着向心状态转变，汇聚于其一身。由此，他从党的一分子转变为党的本体，党不再是中国革命的一部分，而是其全部。世界变换其容，换言之，是毛泽东更易其象。主体与客体合一，新的分化当然就由此开始。毛泽东浴火重生。在此之前，他是马克思主义者，而今马克思主义与之合体，成为毛泽东主义的同义词。他自身自然也就成了创造的根本。这便是纯粹毛泽东，或曰原始毛泽东。

这是一段让人吃惊的文字。我曾以为，在思考"日本的现代"或者"亚洲的现代"的问题上，重读竹内是不可或缺的工作，因此，很早就重读了竹内从《中国的近代与日本的近代》到《现代的超克》等作品中有关"近代"和"近代化"的论述，[①]但在认定其笔下的中国形象是对日本近代之否定的反语式表达后，遂裹足不前。也就是说，我并未去读《评传毛泽东》。对 50 年代的我们来

---

① 我最初的一篇讨论重读竹内的文章是《日本的近代与近代化论——战争与近代日本的知识人》（载"岩波讲座"《现代思想》第 15 卷《脱西欧的思想》）。这篇论文也收入我的《近代知识的考古学——国家、战争与知识人》（岩波书店，1996 年）。

说，知道竹内讨论了与近代日本存在根本差异的中国，也就足够了。因为此次重读竹内的工作，我才得以阅读《评传毛泽东》。读过之后，我在惊讶的同时不禁感慨，文学家竹内竟对中国以及毛泽东革命做了如此程度的"文学"创作。他在著述中塑造了一个文学化的、太过文学化了的"毛泽东"。

竹内对1920年代的中国文学家鲁迅进行了重构，后者被塑造为在"没有路却必须走下去，毋宁说，正因为没有路所以才必须走下去的状态"的绝望中，依然在行路的"鲁迅"。文学家竹内对"鲁迅"进行的文学重构，使其在《中国的近代与日本的近代》等作品中对日中近代化进行的比较论述成为可能，也使其能够将中国及其革命形象描述为负面的近代日本之反语。但在"人民中国"即将成立之际，竹内却由1949年这一时点溯源而上，以将鲁迅重构为"鲁迅"同样的文学方法，从井冈山时代的毛泽东那里捕捉到了中国革命的一切创造性起源——"原始毛泽东"。读了竹内的《评传毛泽东》我才想到，这不就是他的《鲁迅》嘛！但二手的"鲁迅"，毫无疑问，只是竹内创造出来的"鲁迅"。那是经过了文学化、太过文学化的操作后创作出来的二手"鲁迅"，也就是"毛泽东"。

什么是文学家竹内所创作和表述出来的"毛泽东"，换言之，何谓"纯粹毛泽东""原始毛泽东"呢？竹内说："其原型是在他内外交困之时、丧失一切之际，一切又可能尽为其所有之时建构起来的。"这里的"原型"指的是"毛泽东思想的原型"，也就是"纯粹毛泽东""原始毛泽东"。"一切尽为其所有"，就是说一切"汇聚于其（毛泽东）一身"。竹内说："由此，他从党的一分子转变为党的本体，党不再是中国革命的一部分，而是其全部。""世界变换其容,换言之,是毛泽东更易其象。主体与客体合一,新的分化当然就由此开始。毛泽东浴火重生。在此之前,他是马克思主义者,而今马克思主义与之合体,成为毛泽东主义的同义词。他自身自然也就成了创造的根本。"这些话有必要做些解读。竹内将凝聚了党和中国革命事业于一身的毛泽东之形成,重新表述为"主体与客体合一""马克思主义与毛泽东之合体"。竹内称,作为马克思主义而被导入和学习的革命理论,抑或苏联共产党、共产国际指导下的革命战略,尽皆汇聚于毛泽东一身,并以毛提出的"毛泽东主义"之形式得以重生。中国革命因毛泽东而成为由中国的革命主体肩负的、真正的中国革命,中国步入了由真正的革命主体开创的新世界。对此,竹内描述称:"他自身自然也就成了创造的根本。"这里的"他"指的就是"毛泽东"。可以说,竹内围绕革命中国的文学批评和认识活动,都是以树立这样一个"毛泽东"形象而告终的,其后他的中国论述就只是从这"毛泽东"讲开去的、画蛇添足的故事。《预见与错误》收录了其后20年竹内的评论文章,如前所述,在这本书中我只看到,"将'文化大革命'这一大动乱作为中国的'永久革命',纳入到冗长的革命进程中;而对此几乎是无动于衷的竹内那完全'成熟'的思考态度看起来真令人腻烦"。

　　为何在竹内那里,"近代"和"近代化"依然是个问题,我带着这一疑问阅读了《评传毛泽东》。本打算在这本书中为我的疑问寻找答案,但《评传毛泽东》却超越了阅读中的问题关切,读书时我竟忘记了何以是"近代"这一问题,而想尝试解读竹内笔下的"毛泽东"。竹内说:"中国革命是民族内在本源之力的显露,即便借助外力,其运动本身也总是自律的。"而我所解读的"毛泽东",

也就是以一人之身体现了新的世界——中国的革命性创造主体中华民族的"毛泽东",他不就是竹内好有关"中国式近代"论述的终极表现吗?因为竹内所建构的"毛泽东",是以一人之身体现了他以对日本近代的否定式反语所表述的、中国真正的近代民族革命之人格化形象。认为这就是"近代",是由于这一革命乃发挥了中华民族内在力量而进行的自律性运动。

不过,如此去重构"鲁迅"、重构"毛泽东"的却始终是日本现代文学家竹内。应该说,因为日本现代文学家竹内的表述,才有了那样的"鲁迅"和"毛泽东"。我说过,在《评传毛泽东》中,竹内表述"纯粹毛泽东""原始毛泽东"的那些话,是"让人吃惊的文字"。因为那是除了日本现代文学家竹内之外谁也写不出、哪怕是中国共产党党员也绝对写不出来的文字。我们现在有必要带着"何以会如此"的惊讶重新审视1950年代竹内好建构起来的"毛泽东"形象。

竹内说,《中国的近代与日本的近代》和《评传毛泽东》是其战后的两篇代表性论文。这两篇文章确实构成了一组表里关系。竹内对近代日本之虚伪"近代"彻底的自我否定,让他肯定了中国由自立性民族主体所推动的、真正的"近代"革命。他以"鲁迅"表述了前者,而将后者凝聚在"毛泽东"的形象之中。但竹内所塑造的"中国""中国革命"和"毛泽东",都只是"近代日本"的自我否定描绘出的他者形象。竹内笔下"中国革命"和"毛泽东"的光彩炫目与对"近代日本"之自我否定的惭愧心绪是成比例的。然而,"近代日本"的负面自我形象所定义的正面的他者"中国"形象,在1960年代以降的历史进程中完全丧失了炫目的光芒。而这一形象的构建者竹内也陷入了沉默。如果说现在有必要重读《评传毛泽东》，那就是为了让我们超越竹内建构的"毛泽东"形象中所内含的"近代"这一历史、思想框架，去思考如何在21世纪的世界构筑日本与中国的相互关系。

第十四章
不为"文革"刹车的错误言论
——读加加美光行的《作为悖论的中国革命》

> 今天仍不能全面否定"文化大革命"。要问何以不能,那是因为它抛出的问题依然没有得到解答。
>
> ——加加美光行:《无根的民族主义与竹内好再考》

一 战争的结束方式

今年(2012)8月15日,我在重思"战争"的结束方式,或曰终结方式。之所以做此思考,是由于我们正在直面终结日本"原子能发电"①体制之难。终结"原发"体制,是一个与日本的亚洲·太平洋战争的结束方式、终结方式在结构上深刻关联的问题。我认为有必要将"8·15"和"3·11"并行思考。

若将昭和日本的战争称为亚洲·太平洋战争,那么1945年8月15日的"终战"真的结束了这场战争吗?中国大陆的战争状态确实是终结了,日本军队解除了武装。但如果说"终战"意味着从国家间和平关系的恢复到国民之间的和解,那么,我们所谓的"终战"指的是亚洲·太平洋战争之停战吗?"8·15"虽是太平洋战争的停战,但却并非与亚洲诸国,尤其是与中国战争的停战,不是

---

① 原子能发电,日语简称"原发",下同,不另注。——译者注

吗？从国家到国民，日本都是因对美关系才停战的，不是吗？日本人大多认为是输给了美国，而并不觉得输掉了与中国的战争。日本的停战是指太平洋战争之终结，但并不意味着与亚洲诸国的战争，特别是与中国战争之终结。

可以说，这就使人们丧失了"昭和日本的战争首先是指在中国大陆的战争"这一历史认识。我们要追问的首要"历史认识"问题正在于此。据说，在太平洋战争战败的1945年，投入中国战线上的日军兵力尚有198万人（占总兵力的31%），超过了南方战线兵力（164万人）①。我们可曾认真思考过这一问题？这就意味着，我们须在真正意义上终止的战争指的应是在中国的战争，不是吗？然而，日本的"8·15"停战专指对美停战，这就为战后至今67年间以冲绳问题为代表的各种问题埋下了祸根。"战争"如何终止，是与如何思考战争密不可分的问题。

"战争"的结束方式，既指在与对方国家关系上如何终止，也是我们自身的结束方式、终结方式的问题。应该说，我们的战争是被迫终结的，并不是我们自己去终结的。并非自主终结的止战方式，是体制层面上市民对战争责任追究完全不够及其在参与止战事务方面完全缺位的结果，这就使所谓"战后式革新"的政治、社会体制本身出现了重大缺陷和弱点。在60多年后的今天，别人给予我们的民主主义依然是外来之物，我带着痛恨之情回想起"8·15"，并将其与"3·11"合而思之。

我们并没有将民主主义理解为作为市民介入与我们生活相关的重大政治决定过程之权利，这种介入的权利也未曾获得制度性保

---

① 纐纈厚：《"日本曾蔑视中国"——何谓日中战争？》，同时代社，2009年。

障。眼前的事态，让我们必须将市民介入政治决定过程的民主主义作为我们自己的事去对待。将"8·15"和"3·11"合并思考的重要性就在于，那种"战争"的终止方式、终结方式不能在"原发"体制下的日本重演。只要市民没有参与到原发事故的责任追究过程中，责任存在于何人、何处、何种体制恐怕最终就无法明晰化。只有明确带来了"原发"及其事故的体制性责任并予以追究，才能找到"原发"体制的终结方式。但现状却是，大饭核电站拒绝了"市民介入"，因而在不问其终极性终结方式的极其暧昧模糊的状态下再次运行起来，试图将"原发"体制维持下去。而今，希求从我们的生命与未来得以健康持续发展这一根本层面思考"原发"问题的一般市民，与从现有政治、经济、军事以及文明体制得以持续的要求出发、认为"原发"不可或缺的政界、官界、财界之间，已出现了严重的裂痕。"原发"的结束方式、终结方式的确是与如何思考"原发"密不可分的问题。

二 "文化大革命"的结束方式

现在将"战争"和"原发"等的结束方式、终结方式问题化，是因为我将"战争"和"原发"作为现代的大规模政治灾害，或曰体制性人祸去思考的；也是因为这种政治性、体制性灾害必须被终结，而思考使其终结的必要性因素则是一项紧要的课题。不过，我刚才围绕"战争""原发"的结束方式、终结方式如此开写，倒不仅仅是由于"原发"对于我们而言已是迫在眉睫的问题。因为我将中国的"文化大革命"也视为与我们的"战争""原发"同样的问题；能否把其埋葬在过去，而在真正的意义上终结"文革"，对于现代中国和现代日本的我们而言都是非常重要的。

我阅读"中国论"的这项思想史研究工作，到了现阶段，就不得不提及存在于日本的"文革"问题。我当初原本简单地以为，日本热烈呼应"文革"的言论，只消去读读新岛淳良的《新的革命》①之类的作品即可。但实际一读很快就发现，这么做是完全没用的。这位热烈呼应者的"文革"言论，顶多能告诉你，能在日本造就这般呼应者的"文革"是如何开始的，仅此而已。

作为政治动乱的"文革"是以毛泽东的去世（1976年9月9日）、江青等"四人帮"的落马及其被逮捕（同年10月）而告终的。华国锋在1977年8月举行的中国共产党第十一次全国代表大会上所作的政治报告中提出，"历时11年的我国第一次无产阶级'文化大革命'，就以粉碎'四人帮'为标志，宣告胜利结束"。②这也许是中国共产党终结"文革"的正式宣言吧，但这说的究竟是"文革"的什么被终结了呢？被终结的仅仅是，作为与"四人帮"同时存在的党内斗争及其扩大化导致的国内动乱这一意义上的"文革"，不是吗？1981年6月27日，中共第十一届中央委员会全体会议通过了历时一年多的讨论而形成的《关于建国以来党的若干历史问题的决议》，即所谓"历史决议"。"历史决议"不仅将"文革"作为内乱予以否定，同时对发动了"文革"的毛泽东之理论与领导也基本上予以了全面的否定。"历史决议"明确指出："对于'文化大革命'这一全局性的、长时间的'左'倾严重错误，毛泽东同志

---

① 新岛淳良：《新的革命》，劲草书房，1969年。
② 安藤正士、太田胜洪、辻康吾：《"文化大革命"与现代中国》，岩波新书，1986年。本书中有关中国共产党终结"文革"的相关表述都依据此书。

负有主要责任。"但若认为没有毛泽东的革命理论、战略和指导就没有中国革命，那么，我们能仅把十年"文革"从革命史、建国史中切割出来而讨论毛泽东的错误吗？"历史决议"除了讨论"文革"错误的篇幅，余者的确都在赞颂毛泽东的历史功绩。"毛泽东同志的功绩是第一位的，错误是第二位的。"这便是粉碎了"四人帮"和"文革"的中国共产党结束"文革"的方式。

三 "文革"在日本的终结

日本虽有呼应"文革"的言论，但并不是说日本发生过"文革"。但1968年扩大至全国的"大学纷争"却被学生们认定为我们的"文革"。红卫兵所提出的口号"造反有理"，也是日本大学纷争中的口号。大学纷争也因《大学临时处置法》的颁布而于1970年12月被强行解决。在日本，"文革"的呼应者们也在大学纷争终结的同时，给了自己某种了断。当然，这或许只是被强行了结的结局。但若能从结束方式看清何谓"文革"的话，他们又是如何结束或强行终结了自己内部的"文革"的呢？我想读到这些内容，但"文革"的日本呼应者们却是在沉默之中结束了这一切的。我只在算得上是"文革"迟来的呼应者加加美光行的著作中，发现了将"文革"的结局或者说被迫终止的结局称为"败北"抑或"挫折"的表述。这本书便是加加美的《作为悖论的中国革命——"反近代"精神之败北》[①]。

---

① 加加美光行：《作为悖论的中国革命——"反近代"精神之败北》（现代亚洲丛书），田畑书店，1986年。

其后，加加美在其出版的《历史中的中国"文化大革命"》（岩波现代文库）[①]中重整了"中国'文化大革命'"的相关论述。出版之际，他将新撰的《如何看待"文化大革命"》一文作为"序章"。在此文中，加加美清楚地表述了他将"文革"的结局视作世界"反近代""近代批判"运动之挫折的看法。在此，我想先引述此文：

> "文革"本身无非是一场因红卫兵、造反派武斗的破坏性暴力发展成的自戕运动。我想，它展现出了70年代中期之前同时代的"反近代""近代批判"尝试在世界范围内遭受的挫折。/但在全面否定"文革"的大合唱中，我无论如何也不想无条件地全面否定"文革"。于是，从1976年到1978年，我写了几篇论文，在运用红卫兵资料分析"文革"实态之同时，开始致力于探究"文革""近代批判"之挫折的思想史意义，而非否定之。（着重号为子安所加）

关于"文革"的结局，加加美认为中国的红卫兵、造反派的"文革"运动是"自戕"。所谓"自戕"恐怕就是说，即便是失败，也依然承认其作为独立运动者（造反派）之存在。他说，日本的革命者（造反派）运动最终也是以1970年代的武斗和恐怖活动而自我毁灭的。不过，他们所说的造反派运动之"自戕"，并不是说"文革"这场革命性运动的理念被否定和消灭了，而是意味着它依然存在于加加美这些人中间。因此，加加美说，即便"在全面否定'文革'的大合唱中"，也不想否定"文革"。而若将"文革"视

[①] 加加美光行：《历史中的中国"文化大革命"》，岩波现代文库，2001年。

为毛泽东社会主义革命理念及其战略必然会发动的运动，加加美就不会像中共中央那样，仅将"文革"时期的毛泽东切割出去予以否定。毛泽东在加加美那里，基本上未被否定而被继承了下来。这就是他的"内在的毛泽东"。

加加美将"文革"运动的结局称为"自戕"，也就是在说，这就意味着，在造反派心里，"文革"的运动理念被无否定地继承了下来。加加美收集"文革"资料并书写"文革"，他会写些什么呢？他表示，要"致力于探究'文革''近代批判'之挫折的思想史意义，而非否定之"。加加美将"文革"的结局视为"文革"运动之挫折，也就是"反近代""近代批判"的世界性运动之挫折。说"挫折"，也就是说要在志向上去继续一场失败的运动。我在日本好不容易找到的有关"文革"结局的言论，竟是将其视为"挫折"而欲赓续其志、认为"文革"不可结束的言论。

四 迟来的"文革"呼应者

我将加加美称作迟来的"文革"呼应者。他说："我自己不过是一个在'文革'爆发翌年——1967年开始了中国研究的初学者。"① 如其所言，加加美属于与新岛等"文革"呼应者有十几岁年龄差的下一代人。他还说道："1963年初，我开始了大学生活。而今想来，我或许就曾是清水（几太郎）所谓'在不问政事者之流中沉睡着的大众'之一吧。当时学校里还有少数几个共产主义者同盟系（ブン

---

① 加加美光行：《如何看待"文化大革命"》，收入《历史中的中国"文化大革命"》。

ト)①活动家,会组织几十人规模的集会和游行。坦率说,对于完全是政治白痴的我而言,他们的存在终究还是未能入我法眼。"②我在此做些追溯加加美经历的工作,是为表述其"文革"相关言论何以来之甚迟也。如其自述,加加美的这项"致力于探究'文革''近代批判'之挫折的思想史意义,而非否定之"的思想史工作,其言论是从"挫折"这一结局来呼应"文革"的。说加加美是"文革"迟来的呼应者,就是说他与共时性地呼应"文革"的新岛等人不同,他要呼应"文革",就得穿越日本的大学纷争、水俣病、三里冢斗争等连带性回路。另外,要让日本抵抗者加加美将"文革"认知为"内在的'文革'",就得穿越竹内好的亚洲精神史回路。

加加美《作为悖论的中国革命》一书的副标题是"'反近代'精神之败北",该书由第一部"中国'文化大革命'——'出身血统主义'批判"、第二部"现代中国的政治改革"和第三部"亚洲'反近代'精神之败北"构成。"后记"交代,该书中关于中国"文化大革命"与现代中国政治改革的第一部、第二部的各篇评论都是在80年代初期撰写并做过相关报告的,唯独第三部是"这次新写出来的"。所谓的"这次",从该书出版的时间——1986年6月来看,可以认为指的是1985年至1986年之间。作为总结,题为"亚洲'反近代'精神之败北"的第三部,写作日期标注为1985年、1986年,其主题是"中国'文化大革命'"。但这一部分之所以能成为全书的总结,乃源于该书的结构形态。没有《亚洲"反近代"

---

① ブント(BUND),存在于1997年至2008年的新左翼市民团体,前身为"战旗·共产主义者同盟"。
② 加加美光行:《"内在民族性"的自觉与亚洲的崛起》,收入《作为悖论的中国革命》。

精神之败北》一文，便没有加加美的"文革"论。迟来的"文革"呼应者加加美将"文革"的挫折表述为"亚洲'反近代'精神之败北"，因此在他那里，何谓"文革"，其中的哪些因素是其志在赓续者，答案都存在于对"败北"的表述之中。

五　何谓"反近代"的战斗

《作为悖论的中国革命》的第三部"亚洲'反近代'精神之败北"的序章（即"导言"部分）有一个副标题："诀别欧洲"。那些话是加加美剑指现代的激愤言辞：

> 那么，究竟为什么在那一时期，对现代社会之弊病感到愤怒的许多人会对"文革"和越南战争如此狂热？而那种理想和乌托邦而今又何以被当作一文不值的破烂货，要被扔进人类历史的垃圾场？探寻我们的记忆之线，尽管是有些许受虐倾向的自我解剖，但舍此便无法正确定位近来这惊人的时代变化。

加加美写下这段文字时所直面的"现代"指的是1985—1986年这一时期。对我而言，这一时期正是重组自己的后结构主义思想立场与方法、调整《作为"事件"的徂徕学》[①]之写作姿态的时期。

[①] 子安宣邦：《作为"事件"的徂徕学》，青土社，1990年。该书原本在《现代思想》1988年4月号至1989年11月号上隔月连载。作为序章的丸山思想史批判——《〈思想史〉的虚构》是1987年初夏在图宾根大学执笔写作的。

与其说这是1968年"世界革命"的预示，不如说，我终于将自己改造到有能力对体现为破坏性暴力的、20世纪式的"近代"转型给予思想回应的水准。世界史裹挟着中国1989年的政治风波、柏林墙的倒塌等世界史事件，转向名曰全球化，又名后期资本主义的、21世纪式的"现代"。

不过，加加美却说，1985—1986年的现代，是曾被如此狂热以对的"'文革'和越南战争"遭到遗忘、曾经狂热的"理想和乌托邦"被像破烂货一般被扔进垃圾场的时代。这不是一种离奇的时代认识吗？我绝不认为这是一种正常的认识，而是一种勉强的表述。从1960年代后期到1970年代初，"文革"这一政治动乱席卷中国全土，许多中国知识人和民众被卷入其中。另一方面，美国于1964年轰炸北越①，1965年又向南越投送地面军队，开始全面介入越南战争。可以说在日本人的关切视野中，这一时期确实是"'文革'和越南战争"占据着重要地位的时期。学生们将自己的斗争比作"文革"造反派的斗争，反对越南战争的运动也以日本市民运动的形式强韧地发动了起来。但仅凭这一点，就能说人们对"'文革'和越南战争"是狂热的吗？毋宁说以此为狂热的加加美，所表述的只是一种荒诞不经、错得离谱的时代认识，不是吗？

  从1960年代后期到1970年代初期，对起因于科学万能主义之傲慢的核战争危机、公害与破坏、教育与医疗之

---

① 美国以北部湾事件为借口，1965年2月以后对北越实施的连续性轰炸，成为美国对越南战争正式介入的第一步。——译者注

荒废等现代社会的种种危机感到愤怒、并欲挺身而出的人们而言,"文化大革命"与越南战争同样,是给予人们以梦想和乌托邦的"革命"。

如前文所引,加加美谈到狂热于"'文革'和越南战争"者之愤怒急速冷却云云,在此之后,他写下了上述这段话。由此应该可以清楚地看出其言辞怪诞的原因了吧。那是由于他将人们对始于60年代的日本经济高速增长的显在表征——"公害与破坏、教育与医疗之荒废等现代社会的各种病弊"之愤怒和斗争,与"文化大革命"、越南战争混为一谈,并将其故意错误地表述为"亚洲的愤怒与斗争"。作为先进资本主义国家并实现了经济高速增长的日本存在的社会问题,与在冷战下处于孤立状态的中国急于推进社会主义化的毛泽东所策动的"文化大革命",以及作为冷战局势下反殖民主义民族自立革命战争的越南战争,统统被他试图归结和表述为"亚洲的愤怒与斗争"。这种鲁莽的做法,使加加美的话看起来有些怪异。而掩饰了其错误的世界认识、历史认识之鲁莽表达的,便是加加美提出的"反近代"口号。所谓"反近代",是先进资本主义国家日本"迟来的造反者"加加美意图将日本的"水俣病""三里冢"与中国的"文革"、越南的"民族战争"统统混同表述为"亚洲之愤怒"的口号。

六 对竹内的过度重述

在前文引述的那段关于"'文革'和越南战争"的表述之后,

加加美根据1961年便英年早逝的弗朗茨·法农①所著的《大地上的受苦者》说了下面这段话。他将法农的著作视为"一个序幕，它预兆、象征了对爆发于60年代后期的'文革'和越南战争之狂热"：

> 对于帝国主义的殖民地统治，法农宣告殖民地"原住民"将以无条件的暴力予以反抗，他与此前的革命家所不同之处在于，包括马克思主义者在内的、世界上很多进步的知性人士依然将"欧式特质"作为衡量人类历史进步的决定性标准，而法农却正面对此予以了根本性否定。

所谓"亚洲的战斗"是对法农遗志的继承，就是说，他与法农共有从根本上否定"欧式特质"的意志。所谓亚洲的"文化大革命"和越南战争乃"反近代"之战，是由于它们被视为从根本上否定"欧式特质"之战。《作为悖论的中国革命》之第三部"亚洲'反近代'精神之败北"序章的副标题也因此名曰"诀别欧洲"。不过，如果现在加加美要将亚洲的抵抗和自立战争作为"反欧洲"之战进行论述，那么，其表达就难免要重述竹内好。竹内对实现了脱亚入欧之"近代"的日本予以了强烈的否定，并从尽管失败却一直在抵抗的中国发现了东方独立之完成。加加美所谓"亚洲'反近

---

① 弗朗茨·法农（Frantz Fanon，1925—1961），法国作家、心理分析学家、革命家。其非殖民化和殖民主义的精神病理学分析影响甚大，作为著名的黑人文化批评家，法农从黑人的视角讨论黑色非洲问题，并使得非洲研究真正受到西方学界重视。代表作有：《黑皮肤，白面具》《大地上的受苦者》《全世界受苦的人》《为了非洲革命》《阿尔及利亚革命的第五年》《殖民战争和精神失常》等。——译者注

代'精神之败北"基本上是对竹内好《中国的近代与日本的近代》的重述,但其表述是从竹内默然置之处开讲的、过度的、无限引申的重述。在考察这过度的重述之前,我们来重温一下竹内讨论的"失败而抵抗的东方"和"什么都不是"的日本这段话:

> 无论欧洲如何理解,东方的抵抗一直在持续。通过抵抗,东方实现了自己的近代化。抵抗的历史便是近代化的历史,不经由抵抗的近代化之路是不存在的。欧洲在通过东方的抵抗将东方纳入世界史的过程中,认定了自己的胜利。……在同一进程中,东方则承认了自己的失败。失败是抵抗的结果,没有不抵抗的失败。因此,抵抗之持续便是败北感之持续。

> (日本尚未达到认知到自我之堕落的水准)是因为没有抵抗,也就是没有保持自我的欲求(没有了"自我"本身)。没有抵抗,就是说日本不是东方式的;同时,没有保持自我的欲求,就意味着日本不是欧洲式的。换言之,日本什么都不是。①

越读这些话就越会感到,只有在1948年这一时期,竹内的日中近代化论述才具有现实感。我所说的现实感,指的是其言论在面对现实时所具有的意义分量。之所以这么讲,是因为我怀疑在

---

① 竹内好:《中国的近代与日本的近代》,载《日本与亚洲》(《竹内好评论集》第3卷),筑摩书房,1966年。

1949年"人民中国"建立以后,竹内真曾说过能够表述中国的话吗?我在前文曾提出此问,也说过,竹内最终将"中国革命是民族内在本源之力的显露,即便借助外力,其运动本身也常是自律的"这一"中国革命"形象作为毛泽东思想的纯粹型进行了重构;而其后,他就只能将毛泽东思想用冗长乏味的语言表述为"永久革命"。① 但加加美重述的作为亚洲持续抵抗的故事,却始于竹内沉默之处。

七 "民众"与竹内好之重构

加加美根据竹内的日中近代化论重构"亚洲持续抵抗"的故事,在时间上发生在1970年之后。按照加加美的历史认识,这是社会上"反近代""反欧洲"之战的败北与"欧式特质"获胜业已分明的时期,也是冷战结构解体,同时世界被编入全球化这一后资本主义体制的时代。加加美将其理解为"败北",并从"败北"开始重构故事。因此,作为60年代失败的政治斗争——安保运动之思想总括,吉本隆明提出的"大众"概念就成了重述故事之关键。吉本说:"尽管大众自身是纵贯所有时代、改变历史的动因,但或许可以说,他们因此只能作为虚像出现在历史中。但在某种程度上将其作为实像予以呈现的方法,可以说就要从'内观'存在于我们自身的、身为大众的生活体验和思想体验开始,舍此无他。"② 在吉

---

① 子安宣邦:《文学化、太过文学化的"毛泽东"》,载《现代思想》2012年9月号。
② 吉本隆明:《日本的民族主义》,载《吉本隆明全著作集》(13),劲草书房,1969年。

本那里,"大众"是批评战后权威性左翼思想的方法论概念,也正是作为虚像存在着的"大众",而今被读出了作为内在的体验性实体、"内在的大众"之意味,此时,它就成为建构新型论述契机的实体性概念,那就是作为实像的"大众"。

加加美说,昭和的"五一五事件""二二六事件"等"以少数志士为中心的一系列激进法西斯主义运动"都是豁出自己身家性命参与到"农民民众"之抵抗契机中的运动。他说:"竹内也说到了豁出自己身家性命参与到民众抵抗之契机,真是太好了。"① 但这并不是说竹内曾对昭和的法西斯主义运动有过什么表态。加加美以"民众"为根据重构昭和法西斯主义运动的同时,也重构了竹内。然而,加加美还表示竹内确实说过"与激进的法西斯主义志士所不同之处在于,较之于日本民众,更多的是将自己投身于中国民众抵抗之契机中"。如果是这样,那么,为什么就能说竹内与昭和的志士们具有精神上的同质性呢?

但在这里,我们意识到中国民众与日本民众之间存在着以农耕为基础、深底相通的亚洲式民众形象。从这一点来看,可以说竹内与志士们有着几乎同质的精神性。他们眼中以"欧洲式近代化"标准抛弃亚洲,结果就表现为这种对亚洲民众的整体抛弃。

竹内虽谈过鲁迅,但却未曾讨论过身处鲁迅对面的民众,但加

---

① 加加美光行:《"现代的超克"与抵抗精神》,载《作为悖论的中国革命》(第三部第一章之四)。

加美的表述却将竹内"内在的民众"随意地推向了外在。"民众"在其话语中遂成为新型表述的重要结构性因素,并因表述者的需要而变身为"亚洲"和反欧洲的"抵抗主体"。于是,竹内好有关"东方的失败与抵抗"之说,就被加加美重构为"欧洲式近代化"所导致"亚洲特质之丧失(失败)"和依然持续着的"民众抵抗"故事。

原本,亚洲的"近代化"始于对欧洲侵略亚洲之抵抗,尽管抵抗了,亚洲却一步一步丧失了其亚洲特质,被迫走向了与欧洲相似的"近代化",这一状况成为竹内和志士们豁出一切投身于民众抵抗之契机。因为他们确信,在亚洲逐渐丧失了其亚洲特质的状况下,亚洲成其为亚洲的唯一根据,只有通过对欧洲的持续性抵抗、将欧洲与自我相对化的自我确认中才能找寻得到。

不过对欧洲抵抗之持续,只存在于始终有着失败感之人身上,这便是竹内所说的悖论。的确,通过自身的进步而与欧洲同一化者虽会有在"近代化"竞争中的胜利感,却不会有失败感,因为在他们那里原本就不存在抵抗。亚洲只存在于有抵抗的地方,但竹内提出的悖论中的亚洲、失败的亚洲又是什么呢?它指的是亚洲的"抵抗精神",抑或"永久革命之志"?我不由得也跟着竹内好提出了"存在于失败中的亚洲"之问,并探求其答案。而问题是,在加加美所重构的表述中,亚洲的"失败"与"抵抗"指的是什么。加加美说竹内与昭和法西斯主义运动的志士们一道冒险投身于抵抗"欧式近代化"的"民众"之中,这些"民众"被他称作"亚洲式民众"。如此看来，所谓"失败"恐怕就是这些"民众"身上"亚洲式民众性"之丧失吧。加加美说：

> 石牟礼道子因意识到这一失败故而反抗，三岛由纪夫在意识到这一失败之时自裁，新左翼的青年们由于未能意识到这一失败而在其高层上演了"同室操戈"的悲剧。不管怎么说，就如同竹内好在战败后最先指出的那样，要与日本资本主义现存体制的矛盾一直斗争下去，只有不忘失败的事实，了解失败内在于自己内心（自己内心中已丧失了亚洲的民族性），并一直带着这种失败感，或许才有可能。①

竹内不可能说"近代化"的优等生日本是"失败"的。但加加美通过在阅读中导入了被"欧式近代化"抛弃的"民众"概念，建构起了"亚洲式民众"形象。据此，他就可以讨论日本的"失败"了。加加美说，所谓"失败"就是"自己内心中已丧失了亚洲的民族性"，话到此处，我也还算跟得上他的逻辑，但他在说只有"一直带着这种失败感，或许才有可能"时，这里的"可能"又是何意，我就搞不清楚了。他所说的"始终带着失败感"能带来什么呢？按他自己的意思来说，现代社会中"大众"面貌的改变是无法恢复的，也就是说，"大众的原型"是不可能恢复的。②"民众"已

---

① 加加美光行：《诸神消逝的公社》，《作为悖论的中国革命》（第三部第四章之三）。
② "将'大众之原型'作为'大众之理想型'，以总可以回归这里为前提建立联系，没有意识到'大众'现实面貌的改变及其不可复原性"（《亚洲·公社的体制原理》，载《作为悖论的中国革命》）。

不可能恢复到"亚洲式民众"的状态;那么,失败感的持续会带来怎样的可能性呢?他只是在一味地坚称"亚洲式民众性"经由失败感的持续(抵抗的持续)而实现了精神性延续吗?加加美的著作《作为悖论的中国革命》之第三部所附标题"亚洲'反近代'精神之败北",其意或许只是顽固地主张"亚洲'反近代'精神的抵抗性持续"吧。他讨论"败北·挫折"并不是要终结"反近代"运动,而是要将其作为遗志赓续下去。

不过,加加美的"亚洲'反近代'精神之败北(＝抵抗)"叙事,却成了这位日本"迟来的造反者"对"中国'文化大革命'"的代言。所谓的"代言",指的是此乃日本对"文革"的表述,也是加加美替在中国被否定的"文革"造反者,以及"对现状怀有怨恨的民众"所做的论述。

我刚写到的"对现状怀有怨恨的民众",是加加美在《历史中的"文化大革命"》(岩波现代文库,2011年,即《作为悖论的中国革命》出版15年后)序章"如何看待'文化大革命'"一文的结尾处提出的说法:

> 我认为,专注于社会主义理念是"文革"时代的特征,现在这种倾向裹挟着对现状怀有怨恨的民众,作为变了形的"现代批判""后现代批判"而重新浮现出来。

加加美谈到了"文革"的"失败"。但所谓"失败乃至挫折"并不意味着"文革"的结束,而是指造反者们的永久革命,抑或通过重组所依靠的"民众"而实现的民众性抵抗之持续。作为永久革命抑或持续性抵抗，"文革"已该终结。而加加美为"文革"续命的论述，却被纳入到 21 世纪转型时代产生的"后现代"式斗争课题中予以重新论述。"文革"尚未结束，毋宁说，尚未终结。在加加美那里，"文革"是造反者的"失败"，换言之，它在造反者的"抵抗"之志中未曾终结，而是被继承了下来。不为"文革"刹车，也就是依然容许体制性权力继续保有带来全体主义政治灾害的可能性。不为"文革"刹车的加加美之"败北"悖论，是自命不凡的造反者之错误言论。这是历史性的错误、思想性的错误和逻辑性的错误。

第十五章
现代中国的历史辩证法
——读沟口雄三的《作为方法的中国》和《中国的冲击》

> 中国原本就没有朝着欧洲式近代的方向走,与其说这是一种"缺失"或"虚无空白",不如说这是中国式近代一种不得已的充实。正因为继承这种充实,又使其不得不受制于其前近代留下的胎记。
>
> ——沟口雄三:《作为方法的中国》

> 以我之见,中国已经从五六十年代"大跃进"运动的失败和"文革"的迷失中解脱出来,现在正在进行一场在世界任何国家、历史上的任何阶段都无范本可循的真正革命。
>
> ——沟口雄三:《中国的冲击》

读《作为方法的中国》

一 沟口的"文革"观

我撰文讨论沟口雄三的《作为方法的中国》[①]是为时较早的,

[①] 沟口雄三:《作为方法的中国》,东京大学出版会,1989年6月。

那篇文章刊于《思想》1989年9月号①上。现在,我重读沟口的《作为方法的中国》,再次确认了这样一个事实——被《中国的冲击》所继承的沟口中国历史认识之新发展,发生在"文革"之后。而我们必须首先追问的是,在沟口那里,何谓"文革",或者何谓"'文革'之后"。沟口在《作为方法的中国》第一章"观察'中国近代'的视角"之开篇,就讨论了"文革"。他对自己的"文革"观予以某种程度上的总括性论述,恐怕只此一处吧。全文略长,兹引如下:

> 要说自己的看法,我是带着五分批判(对其无原则的夺权抗争及其错误的政治路线)、三分困惑(对破坏了我心目中中国革命形象的、日趋严重的现实状况)以及二分共鸣[对尽管如此仍试图在延安重新找回革命原点的主观主义意图(浪漫主义)]关注至今。换句话说,我绝不是值得赞赏的人。至少,我既未曾公开发表过反"文革"的想法,对于大海此岸那些高举"文革"旗帜、为毛泽东和林彪等人抬轿的所谓"文革"追随派,也无意去批判。因为我自己是受中国革命之感召而走上中国研究道路的一个研究者,在此过程中,我心中形成的对中国革命的憧憬在本质上与"文革"追随派相同。若不能意识到自己内部的这一部分并将其问题化,原理上我就无法对他们进行政治性批判。

---

① 《思想》(1989年9月号,第783号,岩波书店)的"思想的语言"。收入《思想的语言》Ⅳ(岩波书店,2001年)。

这段文字写于1980年，[1]而毛泽东逝于1976年9月，华国锋宣告"文革"结束发生在1977年8月，中共中央采纳了将"文革"定性为"给党、国家和各族人民带来严重灾难的内乱"而予以全面否定的"历史决议"则是1981年6月的事。如此想来，或许可以说，作为中国研究者，沟口在写于1980年的文章中只能对"文革"表达出这种程度的反省恐怕也是不得已的。即便如此，这篇文章也不过是一篇粗陋之作。"五分批判、三分困惑、二分共鸣"，尽管数值上会有若干偏差，但即便不是沟口们这些中国研究者，这想必也代表了在"文革"发生的时代、关心中国事务的日本知识阶层之实感吧。我并不是说这种实感是粗陋的、可笑的。所谓粗陋，指的是在"文革"后的1980年写下这些实感，仅以"二分共鸣"的反思来重审其既有中国认识的粗陋。"文革"对他而言，就是去反省顶多"二分共鸣"的思考吗？在此，"文革"并未被追问。沟口并未去反省"文革"，毋宁说是过其门而不入，而是一下把话题转移到历史认识问题——将"中国革命""中国的近代"回溯到前近代历史中当如何理解——上来了。

总的来说，我必须重审自己与同时代的许多人所共有的那种战后世代的中国认识、中国观。舍此，则亲"文革"、反"文革"最终只能停留在现象追认的水平。换言之，就是把掺杂了太平天国以降所谓革命路线的战后近现代中国研究之视野，扩展到更为前近代的时期，使之成为

---

[1]《作为方法的中国》开头一章《观察"中国近代"的视角》刊登于《UP》1980年10月号至1981年1月号。

更具综合性的、长期性的视野，并据此确立俯瞰、推敲中国革命本体的视角。非此，则无以使"文革"批判更具历史性和结构性，不是吗？——这是我在"文革"骚乱中的思考，我想将其在当前这个时间节点上重新问题化。（着重号为子安所加）

沟口说，若不能以回溯至前近代的这种长期性、历史性的跨度来看待"中国革命"，"文革"批判也无法正确地展开。我愿将他的这一主张视作以"文革"为契机、走向某种反思性中国历史认识的问题。他说自己是在"'文革'骚乱"中想到了历史认识追溯性转型之必要，其转型也确实是以"文革"为契机的。话虽如此，但沟口的转型却并非从直面"文革"、追问"文革"中生发出来的。他虽将"文革"作为自己历史认识转型的契机，却并未去追问它，不是吗？我是在读到中国文学研究者丸山升有关"文革"的文章后，才对沟口产生了这种怀疑的。

战后，50年代的丸山升是与沟口同属一个政治、思想圈子的中文系学生，我也认识学生时代的他。2005年5月，在长春的东北师范大学召开了一次以"战后60年"为主题的日中学术研讨会，睽违50年后我与他在会上重逢。丸山虽坐在轮椅上，在中国接受人工透析，但还是在研讨会上做了发言。翌年，听说他在横须贺线的车中遭遇意外事故身亡。不过，我去读丸山的《"文革"的轨迹与中国研究》[①]，是因为在讨论加加美的《作为悖论的中国革命》时，需要阅读日本的"文革"相关文献。丸山在《作为思想的

[①] 丸山升：《"文革"的轨迹与中国研究》，新日本出版社，1981年。

"文革"体验》①中，写到了作家赵树理因在"文革"中遭受了残酷的、罪行调查式的迫害而在事实上被杀害等事时说："如果说上一句'（在"文革"中受迫害的）老干部已官复原位'就敷衍了事的话，那么只能说较之于中国人民死活的命运，这些人更在乎自己的观念是否合理。这简直是非人性的……'文革'带来的悲剧和损失等已超乎想象，这一事实告诉我们，有必要对我们的中国形象、社会主义形象以及支撑这一切的思想、逻辑框架多少做些新的检视。"这是直面"文革"的一位中国文学研究者秉笔直书的文章。读罢，我不得不认为，沟口并未正面面对"文革"。这与沟口中国历史认识的追溯性转型存在着怎样的关联，这种转型意味着什么，无疑是我必须追问的。

二 作为憧憬的中国革命

沟口所谓对"文革"的"二分共鸣"指的是他与日本的"文革"追随者、赞美者共有对"中国革命·毛泽东革命"憧憬式的执念。他说："我自己是受中国革命之感召而走上中国研究道路的一个研究者，在此过程中，我心中形成的对中国革命的憧憬在本质上与'文革'追随派相同。"战后，受竹内好的《鲁迅》之冲击，对"中国革命"的憧憬是关注中国的日本学生们所共有的。②沟口说，

---

① 收入《"文革"的轨迹与中国研究》中，原载《现代与思想》第35号（1979年3月号）。
② 参见本书第十二章"原本就是憧憬对象的中国革命"（载《现代思想》2012年8月号）。

他对"中国革命"之憧憬是受竹内的《鲁迅》及其论文《中国的近代与日本的近代》影响的产物:"那是对日本所谓脱亚式近代主义的自我批判,也是从其反面、在与其相对立的中国憧憬起亚洲应有的未来。不妨直言,我们中国研究基本上首先是从这种憧憬开始的。"[1] 竹内视日本之近代化为冒牌近代化并予以彻底否定,而在他笔下,作为负面的日本之反语而描述出的、正牌的中国及其革命,带着炫目的光芒交给了学生们。

对中国及其革命的憧憬,是沟口等战后志在研究中国者的思想起点。可以说,对于近代日本的学生们而言,这是不曾有过的思想体验吧。既非欧洲,亦非美国,这种对亚洲之中国的思想憧憬,前所未有地成为他们学问研究的动机,并决定了其思想态度。竹内塑造的"作为憧憬的中国革命"形象是他们中国研究之动机,而现在沟口却要重新追问竹内的中国观。战后日本的中国研究者沟口对被称为现代中国"十年动乱"的"文革"之反思,所指向的与其说是对"毛泽东革命"本体的再审视,不如说是对带给其"作为憧憬的中国革命"形象的竹内好中国观之再探讨。较之于"中国革命"本身,他更想追问的是竹内向他们传递"中国形象"的方式。这种追问最终发生了错位,转移到了对"中国革命"的看法、想法,甚至是对"中国革命"的历史认识形态上。我在前文中提及沟口"中国历史认识的追溯式转型",说的就是他的讨论中不断出现的、对当前问题做历史追溯时发生的错位。这种追溯性的错位就是从批判竹内中国观开始的。沟口将竹内"作为憧憬的中国革命"之源头追溯到他对日本近代的批判:

---

[1] 沟口雄三:《观察"中国近代"的视角》,着重号为子安所加。

这种憧憬指向了各种反日本意识、非日本意识之对立面，是自己内心形成的所谓反自我意识之投射。因此它原本就是主观性的。憧憬并不是以客观中国为对象的，而是指向了自我内部主观形成的"我们内部的中国"。所以，这个"中国"能够成为日本式近代彻头彻尾的反向设定，它原本就是被憧憬的对象。

沟口还说：

> 也不可否认，那种自我否定式的憧憬结构，让我们反脱亚式的、反近代主义式的、抑或亚洲主义式的主体变得主观，也因此变得脆弱。我们未能对中国的近代做历史性的客观化审视，同时，也未能对日本的近代做历史性的客观化观察。这种倾向的理论依据便是前述竹内的《中国的近代与日本的近代》一文。（着重号为子安所加）

竹内所描述的"中国"形象，就是近代日本的负面自我意识投射到自我内部形成的、非日本性的"憧憬式的中国"。只要这么去看，那么我也会与沟口异口同声地说这种"中国"形象是主观性的产物。但我们可以认为竹内通过日中近代化比较论而表述的负面的近代日本之反语——"中国及其革命"仅仅是"主观性"产物吗？尽管竹内建构起来的"中国"形象，是他以其亚洲近代化的历史观所推导出的、对那个时代有意义的理想形象，但却并不是主观性地、恣意建构的产物。那是他在1948年这一时期向日本提示的新"中国"之理想形象，因此才对以沟口为代表的战后世代研究者和学生们产生了巨大的影响,不是吗?但沟口却将此作为主观建构的产物予以批判。可即便认同了竹内的"中国"是主观性的这一说法,我们能在与之相对的意义上理解沟口所说的"客观的中国""将中国的近代客观化"之意吗?"中国的客观化"指的是如何去看待什么呢?沟口何以在1980年这一时期来讨论"中国的客观化"?

沟口在讨论竹内的中国观之前,对将日本近代史理解为"脱亚入欧"而予以"全盘否定"的竹内历史观,做了如下评述:"一般而言,全盘否定抑或全盘肯定自我历史的人,也就是无法将自己予以相对化审视的人,无法客观化、相对化地理解他者。"在这里,沟口的说法是把他者认识的"主观性·客观性"与他者评价的"主观性·客观性"混为一谈了。沟口借这种混同想表达的,不是要全面否定,抑或全面肯定他者中国(本国日本),而是承认中国以其自有方式存在的他者认知形态。这种他者认识与承认日本也以其自有方式相对地存在着这一自我认识是不可分割的。若将其作为共生世界中的自他认识问题来看,或许我只能说,他说得没错。然而,若将中国自有的、相对的、独特的价值世界,主张为把"欧式近代"作为普遍性价值基准并使其归属于一元的近代世界相对之存在,那可能就马上会变成一种关于"近代化"问题的一种带有对抗性质的历史表述。沟口说,将欧洲近代作为普遍性价值基准,或全盘肯定,或全盘否定,这都完全是反历史的、无历史的。在此基础上,他指出:

> 若以这种反历史或者无历史性的观点,就无法客观地、历史性地看懂如下问题:日本也罢,中国也罢,它们各自

的近代是如何以其各自的前近代为基体,并据此——即便是在与欧洲相比的层面上——保持着相对的、独特的存在。换言之,它们各自如何背负着其固有的过去,即便是否定性继承也罢,而现在又如何通过继承受到了其制约。

这是一段全文都须标注着重号的重要发言。1980年的沟口,似乎要以搞清中国"如何以其前近代为基体,并据此保持着相对的、独特的存在"这一"客观性"的历史认识,尝试与"欧式近代"做最后的超克之战。"文革"后的沟口对竹内中国观的批判,是为了1980年代、20世纪最后的"近代的超克",而对1948年竹内之"近代的超克"进行了批判性重组吗?让我们对沟口的这次重组工作进行再一次的考察。

三 "作为方法的中国"

与沟口此书同题的文章《作为方法的中国》写作于1987年。"作为方法的中国"这一提法显然是因为注意到了竹内的"作为方法的亚洲"。但读了沟口的这篇文章,翻遍他的著作《作为方法的中国》,却不见他在任何地方谈及竹内的"作为方法的亚洲"。我们先来看看竹内的"作为方法的亚洲"。关于竹内此论,我在《何谓"现代的超克"》[①]中已多有论及,在此我们仅仅来确认一下在竹内脉络中所谓"作为'方法'"意味着什么。竹内在题为"作为方法的亚洲"之演讲的结尾谈到,亚洲人与西方人(如汤因比)对"近

---

① 子安宣邦:《何谓"现代的超克"》最后一章"什么是由亚洲进行的超克"。

代化"的思考是不同的。在此基础上,他指出:

> 为了让西欧的优秀文化价值得以更大规模的实现,西方就要再一次被东方反包围,西洋自身要反过来由我们去变革。为了进一步提高西方孕育出的普遍性价值,东方的力量要以文化上或价值上的包围去变革西方。这便是今天东方对西方的问题点。……而反包围之时,自己必须有自己独特之处。我想那恐怕不是作为实体性的存在,但是可以作为方法而存在,不是吗?①

此外,此文结尾处"但是可以作为方法而存在,不是吗"这句话,在收入《日本与亚洲》的文章中被修订为"但是可以作为方法,亦即作为主体形成的过程而存在,不是吗"。在这里,竹内是在与"实体"相对的意义上使用"方法"这一概念的。他说,东方在以反包围西方的形式实现近代化之时,己方并不存在什么构成对抗性价值的"实体",但是作为"方法"可以存在。我将其解释为"画了一条名为亚洲的抵抗线"。②竹内并不是要面向西方树立起某种具有对抗性的"东方性实体",而是表达了可以之反包围或超越西方的、某种作为方法的东西。竹内提出的"作为方法的亚洲"之建言,其前提是世界史意义上的"近代"便是"欧式近代"的胜利这一历史认识,它追问的是世界史意义上的"近代",也是20世纪

---

① 竹内好:《作为方法的亚洲》,收入武田清子编:《思想史的对象与方法》,创文社,1961年。
② 《什么是由亚洲进行的超克》,收入《何谓"现代的超克"》。

东方"近代"的实现方式。竹内在"作为方法"后增写了一句"作为主体形成的过程",如其所示,他寄望于以东方主体性的形成而实现新的"近代"化。这与竹内对中国的"新民主主义革命"所寄予的期望恐怕是有所不同的吧。①

那么,沟口是如何讨论"作为方法的中国"的呢?以下引文是沟口关于"作为方法的中国"的论述。由此可以很清楚地看出,这是与竹内的"作为方法的亚洲"不同的、完全异质性的言论:

> 真正自由的中国学,无论是何种形态,都不应将目的置于中国抑或自己内部,也就是说不能在中国抑或自己内部消解目的,反倒应该超越中国。换言之,就是以中国为方法的中国学。②

这是一段令人费解的文字。当然在这段文字之前有一段对既有中国学的批判,或许有人认为若不以此为依据,当然会不解其意;但他对既有中国学的批判本身就让人费解。沟口批判竹内太主观,但沟口的说法是更为主观和独断的。他批判了"将目的置于中国抑或自己内部"的中国学。"将目的置于中国"的中国学,就是沉浸在中国古典的世界中,仅以了解这一世界为自己目的的中国

---

① 参照竹内好:《中国的人民革命》《新中国的精神》,收入《新编现代中国论》(《竹内好评论集》第 1 卷,筑摩书房,1966 年)。
② 沟口雄三:《作为方法的中国》,收入《作为方法的中国》,此文原载《UP》1987 年 1 月号。

学，我想，这指的就是近代日本的"支那学"。另外，"将目的置于自己内部"的中国学，则是根据日本一方的情况和要求，决定接受其学问、思想与否的中国学，也就是江户的儒学、汉学。而我认为日本近代的儒学研究已远超伊藤仁斋、荻生徂徕等人之学问，在我看来，沟口的批判只能视为对江户儒学的偏见。尽管如此，他还是将既有的日本中国学，视为将目的"置于中国抑或自己内部"的中国学。于是，他说"真正自由的中国学"，就必须是"以中国为方法的中国学"。在这里，"方法"是相对于"目的"而言的。而在竹内那里，"方法"是相对于"实体"而言的。竹内所说的是，例如我们要思考"近代化"这一问题，在方法的意义上如何以设置"亚洲"来重新看待、重新思考，这个"亚洲"不是作为"实体"而是作为"方法"的存在。但沟口在处理中国认识相关问题时，是在与"目的"相对的意义上讨论"方法"的。让我们来追踪一下沟口论述的深层展开。他说，"以中国为方法，就是以世界为目的"，在中国认识上要从既有的"以中国为目的（即以世界为方法）"转向"以世界为目的（即以中国为方法）"。这一转型可以概括为：

以中国为目的（以世界为方法）的中国认识

此前以中国为"目的"的中国学，是以世界（欧式近代所统治的世界）为"方法"来看待中国的学问。它的出现旨在让中国面向世界复权，不问你是否情愿。为了向世界复权，中国就要以世界为目标和基准，斟酌其实现度（或差异度）。也就是说，中国是以世界为标准被衡量的。故而，这里的世界就只能是作为基准的观念化世界，是作为既定方法的世界，比如它是世界史的普遍法则，等等，但这种世界说到底还是欧洲。因此，中国革命在世界史上的独特性，最终只有纳入马克思型的世界中才能成立。对中国而言，世界曾经是方法，也就是说，世界曾经只意味着欧洲。因此，世界对中国来说才能成为方法。

以中国为方法（以世界为目的）的中国认识

以中国为方法的中国认识，就是不以世界为基准，而以中国独有的标准看待之。结合中国的情况，从中国内部观察中国。这种中国认识将通向这样一种见解——世界是由有着各自独特性的区域和国家构成的、有着多元结构的世界。故而，以中国为方法的世界，即是将中国作为其中一个构成要素，也将欧洲作为其中一个构成要素的多元世界。世界的多元化以实感的形式获得人们的承认，是以中苏对立或者美中和解为契机、东西方二元结构崩溃时开始的，还是因为从美国撤离越南看到了军事力量神话之衰落、从日本工业力量的扩张看到了经济时代到来的趋势？不，或许还会有人将其渊源追溯到大战之后亚非诸国的独立。对我们这些中国研究者而言，多元化是"文化大革命"以来，在与中国断绝关系的情况下观察中国开始的。那也是以迄今为止结合中国国情从中国内部观察中国抑或在与欧洲原理相对的意义上发现另一种中国原理之存在这类研究的不断累积为前提的。

"作为方法的中国"就是指出并试图进一步推动这样一种世界认识、中国认识转型的言论。不过，这一转型，就像沟口所指出的那样，是"'文化大革命'以来，在与中国断绝关系的情况下观察中国开始的"，是以"文革"为契机的。但以"文革"为契机发生的认识转型，是"在与中国断绝关系的情况下观察中国"这一认识态度转变程度的问题，较之于表述转型的宏大语言，转型后历史认识表述的思想深度与内容都让人生疑。沟口提出的"作为方法的中国"这一中国历史认识论表述，并未走向对"中国革命"的主观性沉思，也并未以欧洲中心的世界史尺度去衡量中国，而是认为应结合中国情况，从中国历史内部将现代中国作为中国独特的历史成熟过程去看待。只要这么做，它就只会让人觉得是在历史认识论层面对现代中国的辩护。但是，在此提出结论还为时过早。我们还必须去看一下《中国的冲击》。沟口的下一部著作，也是其最后一部著作《中国的冲击》根据《作为方法的中国》业已准备好的问题结构、以其历史叙述完成了对现代中国的辩护。

读《中国的冲击》

一 "中国的冲击"之二重性

继《作为方法的中国》之后，2004年5月沟口出版了他的另一部中国论著作《中国的冲击》。[①] "中国的冲击"这一标题让我们再次确认，中国在世界政治和经济舞台上已成为屈指可数的大国，其登场给已被告知进入选手轮换的日本人带来了冲击。为何要特地来谈"中国的冲击"呢？难道只有我自己是带着这种奇怪的感觉理解此书之出现的吗？当然，沟口并不是以我们理解的缘由——大国中国在21世纪世界上的震撼登场——为该书取名的。他谈"中国的冲击"，是在与将"亚洲"编入近代世界的"西洋的冲击"之

---

① 沟口雄三：《中国的冲击》，东京大学出版会，2004年。

说相对的意义上谈的，要从那种西方主导的"近代"世界史寻求视角的转变。但这部旨在寻求历史观转型而讨论"中国的冲击"之著作，在大国中国的登场给21世纪的世界带来了震撼之时出版，从著作与时代关系的意义来说，也不能说只是单纯的暗合。

"中国的冲击"是双重的。它既是表述历史观、中国观转型的历史标语，同时也直截了当地表述了大国中国的登场所带来的震撼。这种双重性使沟口的《中国的冲击》成了对现代社会主义国家——中国的历史性辩护。

二 多元世界论

沟口提出的"作为方法的中国"之说，结合中国实际的历史认识论话语，是如何转变为对现代中国之辩护的呢？在此，我想去思考"作为方法的中国"所指向的两个问题结构：一个是"多元世界论"，另一个是"中国独特的'近代'论"。我们先从前者开始考察。

"作为方法的中国"这一认识方法改变了看待世界的方式。沟口说："以中国为方法的世界，即是将中国作为构成要素之一，换句话说也将欧洲作为构成要素之一的多元世界。"[①] 在他看来，世界是由多元构成的。若将"近代"作为以欧式基轴建立起一元化世界认识的时代，将世界视作欧洲一元化世界，那么标榜反欧式近代的"作为方法的中国"这一世界认识所指引的世界，或许确实可以说是反欧洲一元式的世界，但那真的会是"多元世界"吗？接着上面

---

① 沟口雄三：《作为方法的中国》，收入《作为方法的中国》。

的话，沟口又说："我们的中国学要以中国为方法，就是要以也能将日本相对化的眼光将中国相对化，以这样的中国来充实对其他世界的多元化认识。"但中国作为中国而独自存在，日本作为日本而独自存在，这种认识真的算是对世界的多元认识吗？"以中国为方法"，就是立足于中国作为中国而独自存在这一中国认识来看待世界的吗？我想，由此出发所通向的与其说是"多元世界"之世界认识，不如说是"中国式世界"这一对抗式的"一元世界"结构，不是吗？这便是"以中国为方法"这一中国认识的巨大陷阱。

　　沟口虽然谈到了"多元世界"，但关于历史上怎样的世界是/可以是"多元世界"，他却没有做历史哲学式的考察。非但如此，他也未曾回顾昭和思想史体验中的"多元世界"论。"多元世界"论是在昭和史上有着清晰政治思想史先例的讨论。在昭和史上，它首先是作为"东亚世界"之要求而出现的。为这"多元世界"抑或"东亚世界"提供历史哲学基础的是京都学派的哲学家。他们表明此乃"世界史的哲学"，其代表者之一高山岩男在《世界史的哲学》中讨论了历史上的中国（支那）。这与我在前文中提到的沟口中国认识之陷阱问题有关。高山说："可以说，支那没有世界史意义上的世界观念。支那是与欧洲匹敌的一个世界。"[①]他所说的"世界史意义上的世界"，是指"非欧式世界"要求与"欧式世界"成为对等存在的现代世界，他认为这才是真正的"世界史意义上"的"世界"。高山说："支那"已然自成"一个世界"，那里不存在由多元性建构起来的世界观念。沟口在谈论与欧洲相对的"中国式世界"之历史性、独特性存在时，其看法本身就带来了"多元世界"观的

---

① 高山岩男：《世界史的理念》，收入《世界史的哲学》，岩波书店，1942年。

破绽。因为作为历史性形成的独特世界,"中国"自身便是"天下"世界、"中华世界"。我并非心怀恐惧而做此言。打开《中国的冲击》,自开头起,我们就会遭遇到就像从历史中被召唤出来的、亡灵般的语言。

三 "中华式世界"的再次登场

我以《中国的冲击》追踪沟口"作为方法的中国"之历史认识。在我看来,本书中"中华文明圈"概念的再次登场确实让我深受冲击。无论是历史上的"中华世界",还是将其重组为以近代日本为中心的"东亚世界",我认为,21世纪的东亚都应是超乎其上的。沟口提出的"中华文明圈"的再次登场让我深受冲击。

> 要改变迄今为止的那种以资本主义近代历程为唯一基准的"脱亚"式历史观,换言之,即以明治维新为"脱亚入欧"之近代起点的、日本中心式的、日本一国史式的近代史观;以俯瞰16世纪以来类型相异、诸国杂居的中华文明圈关系结构长期变迁过程的历史观,以多元主义和多极的视角来考察亚洲的近代。①

在此,沟口说要解构"日本中心式的、日本一国史式的近代史观",并以此对带有16世纪以来"中华文明圈"关系结构特征的、

---

① 沟口雄三:《序论·中国的冲击》,载《中国的冲击》。

多元化的、多极化的"亚洲近代"进行重构性的再认识,并将这种再认识称为日本中心式"近代"历史观之转型。此时,他的表述并未以19—20世纪东亚地区"东亚式世界"的政治、思想重构之历史体验为依据。我曾说过,所谓"东亚文化圈",是将作为"中华文明圈"的东亚,从中国移向文化中心日本并予以换位的文化地域概念。① 这一"东亚"概念,表述的是日本帝国向中国大陆进行政治、经济、军事扩张的意志,同时也是一个政治性的地域概念。昭和日本声称,"日华事变"的战争目的在于建立"东亚新秩序",将志在实现的东亚共同世界称为"东亚协同体"。而昭和日本建立"东亚"新秩序世界的要求,旨在对抗"一战"后被称为"凡尔赛体系"的盎格鲁-撒克逊世界统治体制。以昭和时期的京都学派为中心的历史哲学,将超越欧洲一元式"近代"的"多元世界"之应然性、必然性称作"世界史的哲学",并对此展开了论述。这就为以"东亚"新秩序建构起的"东亚世界"提供了哲学基础。之所以有必要在此忆及昭和思想体验——"东亚协同体"的理论结构,是因为以"多元世界"观为前提、重构"东亚世界"的尝试已有过一次先例。在东亚,日本发动的战争是为了让东亚诸民族面对盎格鲁-撒克逊一元化世界统治而各得其所、旨在建立"多元·东亚世界"之战。然而,旨在实现"多元东亚"的"大东亚战争"是由业已领有中国台湾和朝鲜,并在满洲经营一个虚假国家的日本帝国发动的。与其只看到日本提出的"多元·东亚世界"主张之欺骗性,不如关注面对"一元世界统治"而提出的"多元地域世界"这

---

① 子安宣邦:《"东亚"概念与儒学》,载《"亚洲"是如何被言说的》,藤原书店,2003年。

一对抗性要求本身存在的问题。"多元东亚"这一对抗性主张是由"东亚盟主"日本帝国主导的政治、军事运动担责的,日本称之为"八纮一宇"的世界。

"多元性"指的是多元化的运动原理,"多元世界"便是以多元化这一不断自我开放的运动原理运行的世界。我想说的是,包含着多元化运动原理的"多元世界"不可能建构起一个政治意义上的区域世界,不是吗?在东亚,历史上建立了涵括多民族和多民族国家之政治区域世界的只有"中华帝国"。"中华帝国"是一个以政治上的册封体制和文化上的华夷秩序,将周边诸国、诸民族置于与中心相对的从属或半从属关系结构中的帝国世界,而并非是多元化、多极化世界。那只是将在政治、社会、文化上存在差异的周边纳入与中心形成一元化统治关系的帝国世界。

沟口说他担心"中华文明圈"这一概念会被误解,为方便起见,就称之为"环中国圈",但叫什么都是一回事。他知道那种说法会被误解。他所谓的误解,说的就是像我这般将"中华文明圈"视为"中华帝国世界"之别称的看法。此非误解,毋宁说是正解。在讨论"中华文明圈"的《中国的冲击》"序章"结尾处,沟口说:

> 我们还应注意这样一个假说性事实——已被认为是旧时代遗物的中华文明圈之关系构造,实际上不仅在某些方面上延续了下来,还被再次编入了环中国圈经济关系结构中去了,开始将周边诸国再次周边化。……应该注意到,日本人也开始从明治以降一百几十年间面对中国心存优越感的美梦中醒来。

这显然是"中华帝国"式的话语,并且,沟口还代言了"中华帝国"对"周边日本"的警告。这是令人不快又令人毛骨悚然的现实预言。

四 "中国独特性、同一性"的历史认识

对"欧式近代"的批判界定了沟口的中国认识。在沟口那里,这一批判的特征在于它通向了一种关于中国近代独特性的历史认识——"中国的近代无非是以其自身的前近代作为先天母胎的,因此内在地继承了中国前近代的历史独特性","以后我们要思考亚洲近代,无论是日本还是中国,都有必要结合其发端于各自前近代的、'异'于欧洲的独特性去思考"。① 沟口认为,中国近代的独特性,应置于以其前近代为母胎、继承了母体遗传基础的形成过程中去观察。

即便同为"欧式近代",但英国、法国、德国的近代又各不相同。被认为实现了欧洲式近代化的日本近代,也与欧洲近代相异。其不同可能确实根源于各自脱胎的母体以及生长环境之差异,讨论母胎和环境,可能也是为了说明各自近代的文化差异。然而沟口所说的"前近代"这一母胎,并不是为了说明中国式近代的相对性差异,毋宁说是为了主张其独特性。他说,要证明孩子的独特性,就必须承认其母亲的独特性。如此说来,沟口关于中国近代独特性的历史认识,与我们战后否定至今的、有关一国独特性(一国同一性)之历史认识并无二致。

---

① 沟口雄三:《观察"中国近代"的视角》,见于《作为方法的中国》。

沟口曾说其中国研究的积累,是一直尝试"从中国内部、结合中国现实去观察中国,去发现与欧洲原理相对的另一种类似中国原理之类的东西"。但"从中国内部、结合中国现实去观察",究竟是要观察什么?他未曾怀疑过自己的观察。另外,他甚至未曾试想过自己会受到这样的质疑:"中国原理"是被发现的吗?毋宁说是被发现者创作出来的吧。这真让人感到吃惊。试想,战后我们的历史认识、历史研究,不正是同与"从日本内部、结合日本现实观察日本"之类与日本同一性(日本原理)相关的、国体论式的历史认识和历史言论之斗争开始的吗?"中华文明圈"概念的再次登场让我感到震惊,同时,沟口关于"中国独特性"的历史认识论言说也让我感到愕然。

沟口说,清王朝与中华人民共和国虽被认为是完全异质性的国家体制,但其中却有同一个"统治理念"的继承。"原本在中国,历代王朝都继承着相同的统治理念,这被认为是中国的特点。这种继承在被视为异质性的两个国家之间也能获得认同。"① 被继承的同一种统治理念便是"天"。这个"天"字有三种解释,即"民以食为天""均贫富"和"万物得其所"。沟口将这三种释义翻译成现代语,即"民有天赋之生存权","天(统治者)之分配要公平匹配民之份额","和谐地确保所有人之生存"。这是沟口颇为自得的意译(日译)。他认为同一种统治理念因适用于后世不同的国家体制而得到了继承。但这种统治理念,只有使其意义和内容变化并增加新的解释,才能被后世不同的国家体制所接受和继承。沟口读取了这一变化过程,并进行了意译(日译)。此乃暗度陈仓

---

① 沟口雄三:《历史中的中国革命》,见于《中国的冲击》。

式的意译。

很多人忽略了一个问题：清王朝垮台之后，延续了两千多年的统治理念何去何从了。清王朝垮台时，其统治理念也灰飞烟灭了吗？实则不然。前述三项发生了一些化学性变化，而又作为清末的大同思想、孙文的三民主义（特别是民生主义）以及以土地革命为基础的社会主义等政治思想继承了下来。

传统的"天"之政治理念与作为"近代"思想的社会主义是近似的或者说彼此相适应的。人民共和国改编了统治理念，以此为基础最终建立起了社会主义国家。

"人民中国"继承了中国持续两千年的统治理念，被世人认知为中国式"社会主义"国家。沟口说，中国式"社会主义"与马克思主义式社会主义、苏联式社会主义不同，其独特性在于中国"传统社会体系之重组，也就是在传统的基层（而非上层）中导入马克思主义等社会主义理论和苏联型的制度"。中国式"社会主义"的独特性是从中国式基层中产生的"社会主义"，这不是同义反复吗？同义反复性，就是自我同一性言论（譬如民主主义言论）所具有的特性。但"中国就是中国式的"这种同义反复性的自我循环体制不会产生任何革新，只能加深体制性腐败。世纪之交，沟口确信在21世纪中国将出现新的"革命进展"，他写道：

在我看来,(中国)1978年至今的这个阶段,正是社会、经济、文化的革命进展期,表现为经济上公有和私有联动、从人治向法治转型,等等。在改革深入基层这一点上来说,则是革命的深化期。在我看来,中国如今正要探索适合中国社会结构的"民主"和"自由"。①

沟口在《中国的冲击》中写下这些文字距今已有几年,现在我们从中国能发现什么呢?

1997年7月,为了与我商讨他构想中的"日中·知识共同体"计划,时任北京日本学研究中心主任的沟口曾邀我去北京。但叫我去北京是无意义的。我们在北京友谊宾馆碰面后,哪还顾得上讨论什么计划,从一开始就围绕知识人应有的知识状态展开了激烈的争论。他说,想让一直倾心欧洲的日、中两国知识分子,能再度面对面地倾听同为亚洲国家的对方之声。这种事,我是做不到的。我还说,让已倾心于欧洲的知识人反顾亚洲,就像让一个已经倾心于他人的昔日恋人回心转意一样,徒劳无益。我还说道,这不是倾心欧洲还是倾心亚洲的问题,身在亚洲(不限于日中两国)的我们,有必要面对面地讨论那些我们共通的、紧迫的

---

① 沟口雄三:《中国的"自由""民主"》,载《中国的冲击》。如前文注释所交代的那样,这是2000年11月在"日中·知识共同体"会议上所做的报告。但作为收入《中国的冲击》(2004年)中的内容,也可以将其视为2004年的发言。

问题。①

在北京的两天，我们搞清了彼此之间的距离。恐怕也是在1997年的时候，我在北京王府井的一家大书店看到平放在那里的汉译沟口著作《中国的思想》。此书庄重地将故宫太和殿印在了封面上。我把这本书拿在手里，嘟囔了一句："沟口是要为中国制造同一性吗？"一方面，他制造了中国同一性，这也就是在另一方面制造了日本同一性。

虽说在研究对象上日、中有别，但沟口与我曾是志在革新思想史的同道人。但自他与日本式心性论者相良亨之间围绕基础性儒学概念展开的"同与异的试水"讨论开始，我清楚地发现了自己与沟口之间的距离。他把对"天""理""自然"等概念的阐发，作为重构中国式概念之同一性的表述，这在方法论上与我们否定至今的国体论概念结构是同质性的。他与日本的心性论者成为聊友也是理所当然的了。让我意识到我们之间巨大距离的这场关于日中"同异"的讨论发生在80年代后半期。那时，他已经写出了《作为方法的中国》中的诸篇论文。这次，作为本书最后一章的研究内容，我阅读了《作为方法的中国》和《中国的冲击》。为了应对眼前的大国

---

① 我想，在这种情况下，就要以竹内提出的"作为方法的亚洲"之批判视角重构亚洲，日、中、韩之间都以这一"亚洲"的视角、面向21世纪的世界建构起积极发言的场域。我在考虑创办《亚洲·批评与方法》杂志，世纪之初的几年为实现这一目标而东奔西走。但这孤立无援的计划最终受挫，其后只好自己去做。于是，我写出了《如何讲述"亚洲"》（藤原书店，2003年）、《汉字论》（岩波书店，2003年）、《国家与祭祀》（青土社，2004年）、《日本民族主义之解读》（白泽社，2007年）、《何谓"现代的超克"》（青土社，2008年）、《读和辻伦理学》（青土社，2010年）这几本著作。现在即将为我的这本阅读近代日本的"中国论"之作收笔。

中国，沟口竟从历史中召唤出了"中华主义式国家·中华帝国"，这让我感到震惊。我未曾料到，他的中国主义式论述已经到了这般田地。然而，沟口带来的这"中国的冲击"戏剧性地成为推动作为"中国论"阅读的本书之结尾，同时，也告诉了我们，沟口这类战后日本的中国研究到底承担了什么。

2012年9月22日搁笔

后 记

本书是由《现代思想》杂志从2011年9月号至2012年11月号连载15次的"读中国论"汇集而成的。所谓"读中国论",是去阅读日本战前、战时、战后不同时期日本的中国论者是如何评论、研究和表述从辛亥革命到"人民中国"建立、"文革"直到成为世界大国的中国的。但为什么要去读"中国论"呢?近十年来,我一直在推动战前和战时的昭和思想史研究工作。先在《现代思想》连载,后由青土社出版的单行本《国家与祭祀——今天的国家神道》(2004)、《何谓"现代的超克"》(2008)和《读和辻伦理学——另一个"现代的超克"》(2010)都呈现了我读解昭和的思想史工作及其成果。另外,《如何讲述"亚洲"》(2003,藤原书店。中译本《近代日本人的亚洲观》,生活·读书·新知三联书店,2019年版)或许也应列入其中吧,该书论述了昭和日本是如何论述"亚洲"或者"东亚"的。我的这项阅读昭和的思想史工作,或许必然会走到阅读"中国论"这一步吧。之所以这么说,是因为昭和日本的问题归根到底还是"中国问题",这是我在昭和思想史研究工作中不断得以强化的实感,是让我去"读中国论"的根本原因。

进而言之,对近来中国政治的观察让我转向了对战后日本中国观的重新审视。在现代,已完全丧失了批判性和思想性机能的日本亚洲主义,抑或中国主义这类对亚洲和中国的"袒护",到底意味着什么,这一追问也是促使我"读中国论"的原因。

出于这些原因,我希望读者们从本书诸章看到我是如何阅读从北一辉到沟口雄三这些学者、历史学家、思想家、新闻家，甚至也包括小说家在内的论者们笔下的"中国论"的。最后一章关于沟口雄三《中国的冲击》的讨论脱稿于2012年9月22日。我在最后一章结尾处写下了平时不会记录的搁笔日期，是由于想到了现实上"中国的冲击"摆在眼前，而我又在撰文讨论《中国的冲击》，这是一种历史性的暗合。现实意义上"中国的冲击"不正在告诉我们重读既有"中国论"之必要性吗？

本书各章首先是作为"读中国论"的内容，在昭和意识形态研究会的市民讲座上进行了宣讲，又根据讨论意见进行了重写，最后连载于《现代思想》。研究会上的报告自2010年5月持续到2012年9月，前后凡两年多的时间。"读中国论"的工作，若没有两年多里与我同在的各位研究会参与者之助力，就不会有这本书。谨向诸位衷心致谢。

我还要向在《现代思想》连载之际关照我的该杂志主编栗原一树先生，以及从研究会报告时就十分关注又认真迅捷地编辑了本书的青土社编辑部水木康文先生再致谢忱。

子安宣邦

2012年10月21日

译后记

3月4日，国内的疫情防控态势虽有所舒缓，但总体情状依然严峻；同时，新冠病毒已侵袭上百个国家，成为"世界公敌"，日韩两国即为重灾区。两天前，马云公益基金会通过社交平台宣布向日本捐赠100万只口罩，以支援日方"抗疫"，援助物资的包装上印着"青山一道，同担风雨"。可以将此理解为对此前日本各界对华抗疫援助的投桃报李，彼时援华物资包装上印着的"山川异域，风月同天"也一度在中国传为佳话。经此一疫，中日两国似乎一时间成了同病相怜的命运共同体。在这场世界性危机中，中日两国的守望相助凝聚出的连带感，在近代以降的东亚史上并不多见。然而，疫情过后这种命运连带感还能维系多久？借马场公彦的话来说，"进入2010年以后，日中关系可以说呈现出战后最差状态"，两国"还处在年轻且不成熟的关系中，如此观点才更合乎两国国民的现实感觉"。（马场公彦著，苑崇利等译：《战后日本人的中国观》，社会科学文献出版社，2015年）尤其在全球化遭遇前所未有的危机，各国民族主义声势日盛的当下，对两国而言，彼此在与怎样的邻居、如何"共结来缘"，仍旧是一项紧要的思想和政治议题。

子安宣邦的著作《近代日本的中国观》试图回应的问题，便是"如何在21世纪的世界构筑日本与中国的相互关系"，因为"与怎样的中国、如何相处才能确保亚洲和平，这自然是与当代日本国家命运相关联的本质性问题"。而这一问题意识又源于一个现实前提——"中国的冲击":"在现已成为世界屈指可数的经济大国的中国眼前,我们可谓束手无策。中国这个大国是可以携手共创亚洲和平的邻居吗?"

严格地说,子安宣邦并不是一位中国学研究者,而是一位涉猎广泛的日本思想史家。是对现实中国的政经动向的思虑,催动其开始了一次学术和思想的探险。阅读日本战前、战时、战后不同时期的中国论,一方面是子安宣邦昭和思想史研究自然衍生出的兴趣点,因为"中国问题即是昭和日本的问题,它最终决定了昭和日本的国家命运";另一方面,对崛起中的中国之政治观察倒逼他重新审视战后日本中国学的源流。质言之,子安宣邦关心的问题是,近代以降的涉华言论、知识曾凭借何种形式、路径而生产,又如何影响了日本的对华观念甚至决策,战后自竹内好以降沿袭至今的中国形象、中国研究是否可靠。对近代知识制度下日本涉华观念史流变轨迹之清理、思想继起逻辑之重估,使子安宣邦在学术思想与政治的紧张关系中痛感日本的"亚洲主义"抑或"中国主义""已完全丧失了批判性和思想性机能",这种不满进而转化成了洋溢在字里行间的批判激情。

我愿将子安宣邦在本书中的基本立场表述为"亚洲主义"。何谓近代日本的"亚洲主义",亦是作者试图通过本书回应的基本问题。在子安宣邦那里,这一概念的内涵并非不言自明,而是有待再考和重建的。他指出,"'亚洲主义'是将日本的变革与中国及亚洲诸民族的变革予以共时性或者联动性思考的活动者的立场"。而在近代以降群星闪耀的日本中国学家、以中国为活动现场的新闻家/革命家、以中国为题材或对象的评论家/小说家中择取北一辉、内藤湖南、橘朴、尾崎秀实、森谷克己、平野义太郎、石川达三、火野苇平、竹内好、加加美光行和沟口雄三结构篇章,其基本的判断基准便是其所定义的"亚洲主义"。我曾在一篇文章中指出,"国际中国学"在其研究对象上存在一个不甚为学界关注的层面,即海外中国学家(汉学家)是如何以其涉华活动、言论和创作,直接或间接地介入、影响了中国政治、经济、文化诸领域的发展乃至其母国对华关系进程的。佐藤春夫、林房雄、片冈铁兵、保田与重郎皆是这一层面所涵盖的对象,战争时期他们共有介入中日关系时局的政治激情;当然,战后中日复交的历史进程中也有井上靖等左翼人士的卓越贡献,不应被遗忘。有趣的是,子安宣邦在书中亦以"日本的言论家"身份自认,每章结尾都以史家笔法论及研究对象之当下意义,并不掩饰以学术介入当下中日关系的意图。

  在子安宣邦看来,现实层面上中日两国的疏远实则是战争遗留问题。因为"这场发生在大陆但从未被称为'战争'的战争,却是以太平洋战争的战败而被终结的。不过那是日美之间的了断,而非日中之间的了断"。然而,"中-日""日-美"多重双边框架的叠合所形成的视差,让人在1945年8月15日之后产生了"俱往矣"的错觉。事实上,就像子安宣邦所敏锐察知的那样,长期以来,中日之间的本质性了断始终处于被延宕的状态,而近几十年来两国如火如荼的经贸往来更让人们对此习焉不察。本书各章节自2011年9月至2012年11月连载于《现代思想》杂志,而2011年适逢辛亥百年,这也是理解子安宣邦"读'中国论'"系列文章的重要思想语境。在这一时点上,子安宣邦找到了重建两国已然失去的"本质性联系"之契机,因为参与、介入辛亥革命的多是留学或流亡日本的中国人,以及日本的"大陆浪人",北一辉即为个中翘楚,他"身处核心层而经历了这场革命,这在日本人的中国革命体验中是很罕见的"。众所周知，20世纪日本对华政策的核心策略便是分裂中国，革命时期日本的大陆政策也是以"北袁南孙"这个二元对立图示为前提制定的，日本的"亚细亚主义者"亦误以为援助孙文即是援助中国革命。而让日本政界始料未及的是，日俄联手分裂中国这一外部威胁反倒成为中国内部统一的推动力。这种对华外交政策是身处革命旋涡中心的北一辉所无法容忍的。他不断告诫日方切勿将中国革命视为"孙文革命"，应直面中国的民族主义运动，并转向宋教仁了解"革命中国真正的理想与诉求"，据此修正其对华观念与政策——因为"日本有着与中国的国家民族主义革命运动相连带的光荣"。

较之于具象化的论述，子安宣邦更为强调北一辉（与日本主流相抵牾的）中国革命观之生成场域和机制。要言之，即在场、实感、见证。如其所言，"实地观察了中国革命的北一辉，从这场革命中感受到了一些倒逼日本大陆政策改变的气氛，他的确是实地感受了中国革命之为何物的"。对实感主义、现场主义的推崇同样表现在对辛亥革命时进入北京城，"终其一生都始终将危机与变革中的中国作为其报道现场"，并始终以言论介入其中的日本记者橘朴之评价上。他试图通过橘朴的《支那社会研究》，"探究1920年代后期至1930年代，橘朴在危机与变革中的中国所发出的历史证言"。在子安宣邦那里，橘朴正是其定义的"亚洲主义者"之完美代表。有趣的是，竹内好却不这么看。在1963年编辑、出版《亚洲主义》一书时，竹内好以橘朴"其人"远胜"其文"为由，终未收录其作品。而就是这个不受竹内好待见的记者，却在1945年10月临终前，拿着战略地图对中国的前途做了一个令人大为震惊的预测——中国共产党的军队终将征服全中国。在日本刚宣布投降、中国国内局势尚不明朗之时能对中国未来大势明见万里，这得益于橘朴长期在华的活动、报道经验。自1912年立志穷毕生之力报道中国始，他便长期活跃于日本大陆政策的现场——中国。现场主义、实感主义所要求的文体必然是强调即时性、见证性、批判性甚至战斗性的状况论、形势论，是"将状况视为自己思想、实践现场的评论，是包含了状况判断和方向提示之原理与原则的'思想性'文章"，而非与中国保持距离，仅将其作为观察、剖析对象的稳健深邃的学术论述，这是橘朴与另一位记者，卓越的共产国际情报人士尾崎秀实相通的表述方式。如果说橘朴是以对中国未来的精准预测结束了"以中国为现场"的记者生涯，那么尾崎秀实则是通过在"西安事变"翌日发表的一篇对中国政局前景做出精准预测的文章而在日本一举成名，最终成为近卫文麿内阁的"嘱托"（近于高级顾问），为其后来成为共产国际的卓越情报人士，并在军国主义政权中枢发挥积极影响奠定了基础。更值得铭记的是，1939年1月，《中央公论》在头条位置刊出了尾崎秀实的《"东亚协同体"的理念及其形成的客观基础》。文中，作为一位知性的国际主义战士，尾崎秀实要求日方"完全承认中国以民族自立实现国家复兴并能对其予以支持"。文章作为在武汉会战硝烟甫定、中日关系走到十字路口的节点上对日本自身的变革与重组提出的真诚建言，弥足珍视。

橘朴在兜售其"中国变革论"时有一个颇值得注意的问题，他常引京都学派的史学巨擘内藤湖南的权威言论以为加持，试图为读者营构出殊途同致的观感。子安宣邦通过对二者著述的深入解读，使二者貌合神离的一面彰明较著。内藤湖南基于文献建构的是一种结构主义式的、静态的中国社会论（以"乡团组织"始终存在为依据），他认为中华民族"政治年龄"太大而有着自身独特的近代化道路；橘朴则基于对中国农村的深入踏查和对农民革命的长期观察建构了动态的阶级斗争论（通过官僚阶级与中产阶级的斗争实现变革），他认为中华民族太年轻了，和日本一样，其近代化道路与西方并无二致，只是起步晚些。这两种不同的历史观背后是面对中国的两种迥异的心态：如果说内藤湖南代表了帝国日本"支那学家"自负的"上帝视角"，那么橘朴则表现出了同为东亚人的"同志之感"。内藤湖南试图挖掘出执拗地流淌在中国历史底层的"潜流"（"乡团组织"）；然而，如子安宣邦所言，对"乡团组织"的过度关切，对历史规律的过分执迷，使内藤湖南对中国的自立性革新持悲观态度，后者否定了五四运动的意义，无视中外关系的动态，甚至认为离开了日本的经济活动中国必将"衰死"。"替支那人为支那考虑"的内藤湖南最终以历史学家的奇妙逻辑论证了"侵略主义、军国主义"的合法性。从对中国历史"潜流"的揭示到对日本侵华战争的鼓吹，"支那学家"内藤湖南在认识论层面对研究对象的控制欲及将其落实的知识自负都是值得今人警惕的。

就像子安宣邦所坦言的那样，"中国现代史无非就是一部日本对华干涉史"。近代以降，以学术为帝国海外侵略背书，为建构帝国日本的知识生产和思想制度添砖加瓦、尽心竭虑的不唯历史学家，学术界、思想界等领域大都牵涉其间，例如深受橘朴之中国农村调查影响的东京帝大的法学家们。1940—1944年，东亚研究所的中国习俗调查委员会和满铁调查部的习俗班联合推动了一项针对华北日军控制区农村遗存的习俗和法意识的调查，以为帝国的殖民行政提供参考资料。这次以中国社会基底——村落为对象形成的调查报告让参与了这项工作的平野义太郎和戒能通孝发生了激烈的论争。论争的核心问题在于：中国社会中是否存在"村落共同体"。平野义太郎在橘朴（他将中国社会中的"乡党"视为"乡土社会"）的基础上，提出了亚洲式乡土共同体理论——"村落共同体"理论，并以此为"大亚洲主义"提供历史基础。其论敌戒能通孝则以近代市民主义的立场否定其主张，他深知只要否定了这一前提，平野义太郎的"大亚洲主义"论述便会土崩瓦解。后来内山雅生等人对经历了人民公社和改革开放的华北农村进行了再度调研，并于2000年出版了《从村庄读解中国——华北农村五十年史》。对于这场前后纵贯半个世纪的、规模庞大的中国调研，"平野·戒能"论争的是非已不足论，但报告提供的相关数据至今对理解中国农村、中国革命依然有着不可替代的文献价值和思想史意义。

显然，内藤湖南、平野义太郎和森谷克己（以共同体理论完成了对魏特夫"东方式社会"的日本重构）都试图对中国历史"潜流"和中国社会性质给予某种本质主义的解释，有意或无意地为侵略战争提供了思想和学术支撑，而"优等生"日本的近代化进程却因误入歧途，最终盛极而崩。战后，军国主义退潮，那些时代的弄潮儿就有些尴尬了，他们大多对自己战前、战时的言论缄默不言。战后日本思想界中国观的转型不唯是东京审判、盟军司令部战争责任追究等国际政治力量复杂博弈的结果，更受到"人民中国"成立的巨大冲击。如果说北一辉和橘朴等现场主义者的中国论是建立在"内在于中国"的前提之上，那么，竹内好所建立的"内在于我的中国"立场对战后日本的中国研究乃至日本人中国观之影响都可谓无远弗届，这与平野义太郎、森谷克己等人的中国论类似，皆可视作某种目的论导向的价值判断，加加美光行所谓"内在的文革""内在的大众"皆为类似的逻辑构形。从某种意义上来说,竹内好、加加美光行、沟口雄三,甚至是本书作者子安宣邦,都在"中国的冲击"下完成了自己的中国论。

作为中国文学研究者,竹内好在中国的巨大影响与其鲁迅研究关系甚大,以至于"竹内鲁迅"业已成为国际鲁迅研究、中日文学文化关系研究中的重要对象,尽管学界对其价值的认知分歧依然较大。值得注意的是,竹内好的中国论亦是作为鲁迅问题被处理的,他放弃了时间性尺度,以"奴才论"(竹内好式的解读)为中心比较了两国的近代化:日本的近代化被描述为屈从的、他律的、虚假的,以此为参照,中国的近代化则是抵抗的、自律的、真实的。无论是鲁迅、毛泽东还是中国革命,竹内好笔下的中国形象始终是以对"近代日本"的自我否定为前提描绘出来的他者形象,其憧憬的对象并非客观的中国,而是指向了自我主观层面折射出的"内在于我的中国",是日本近代的反向设定。可以这么说,竹内好对"日本与东方近代"的再审视,是日本战败、美军占领与解放以及以中国革命为代表的亚洲民族主义运动兴起等政治事态倒逼的结果,其构建的对中国之"憧憬"随即成为加加美光行、沟口雄三那代中国研究者的思想起点。但1960年代后期中国的政治状况却让日本的中国研究受到很大的刺激,进而发生裂变:竹内好变得沉默;沟口雄三则带着"五分批判""三分困惑"和"二分共鸣",批判地继承了竹内好,并将问题迂回转移到对"中国革命"之历史认知形态的讨论;加加美光行则在竹内好沉默之处,通过引入吉本隆明的"大众"概念,重述了竹内好建构的中国革命论,最终奇妙地将其混入21世纪转型时期产生的后现代式斗争课题中,在亚洲革命的框架下肯定了那场"革命"的价值。然而,这一切都基本建立在同一个前提之上——不在场。"内在于我的中国"之提倡者却不曾像北一辉、橘朴那样"内在于中国",未能以在场者的姿态见证那场"革命",这恐怕不得不说是一个先天的缺陷,也成为其论敌质疑的渊薮。子安宣邦试图强调的是,"中国""中国革命"作为"别人家的孩子",作为"日本""日本近代化"的反向设定,只能是一种主观性的、绝对化的憧憬,据此不可能对中国革命史做出有效的解释,更不可能准确地把握中国乃至东亚的未来,因为那不是真实的中国。

本书日文版原题为:近代日本は中国をどう語ってきたか(近代日本是如何言说中国的)。如书名所示,本书虽"以中国为名",但实则是对日本对华观念史、言论史的一次深刻检省,亦可视作言论家子安宣邦以"后结构主义"的方法展开的一项介入性工作。他呼吁变革日本近代知识制度建构起来的"中国形象",重新赋予日本的中国研究以活性和批判性。子安宣邦坦言,在"21世纪的当下,我们仍身处世界性危机之中,并愈发强烈地意识到,东亚共同世界的形成有赖于各国的自我变革"。子安宣邦所谓的"世界性危机",显然是以2008年金融危机后的全球经济大衰退为语境的。2016年,耶鲁大学研究员、摩根士丹利亚洲区前主席斯蒂芬·罗奇(Stephen S. Roach)犀利地指出,世界经济已大范围地染上了"日本病":发达世界的主要增长引擎受困于日本式的长期性经济停滞,生存在这个相互依存世界中的其他国家也备受煎熬。我们再也无法对他者的苦痛隔岸观火——"伊斯兰国"、欧洲难民危机以及近来新冠肺炎疫情的全球蔓延、全球股市大崩盘,都无时无刻不在提醒我们重审对"全球化"之逻辑的认知,调整对其前景的期许和应对姿态。我们不得不如子安宣邦所指出的那样,将本国的变革与亚洲诸国、世界诸国的变革予以共时性、联动性的思考。

前些年，有日本政治家以欧盟为范本力倡"东亚共同体"，这一构想尽管在中日思想界反响不大，却颇值得玩味。对此倡议，乐观者有之，也有人念及"大东亚共荣圈"的往事而深怀疑虑。由于种种历史的、现实的原因，泛亚主义构想与人们对其倡导主体、时机乃至动机的警惕和批判似乎总是相伴相生、如影随形，而这绝非杞人忧天。以橘朴为例，"亚洲主义"固然为其打开了新的思想视界，然而又不得不承认，加入关东军将校的"革新计划"，参与"满洲国"建设依然是一种"危险的投企（project）"——在东亚近代史上，侵略往往是以浪漫主义、理想主义的愿景为旗号、诱饵和驱动力的。面对诸种共同体构想，思想界当以何种心态和现实姿态予以回应，是不得不慎思的问题。当然，知识界需要的恐怕不仅仅是稳健、深邃的历史分析，更需要"在场"的言论家们带着温度、知性和批判性写作的形势论、状况论吧——我们都是这个时代的局中人、见证者。

2017年的某日，赵京华教授来复旦讲学，闲聊时谈及生活·读书·新知三联书店正在出版的"子安宣邦作品集"。当时正耽读子安先生的这部大作，因此主动请缨，接下了本书的翻译任务。记得当时赵老师如释重负地说了句：太好了，这本书正愁找不到合适的译者呢！待打开电脑"开战"后，始知赵老师话中的深意和自己的鲁莽——子安宣邦难读，更难译。作为读者，进入作者的精神世界自然是一个愉悦的过程；但愚拙如我，对能否准确地将文意传递给中文世界的读者，其实并不自信。所谓驽马十驾，过去的两年里，工作之外的大半时间都用在了本书的翻译和校对工作上，这一切正是如芒在背的"不自信"逼出来的吧。感谢赵京华教授的信任,奉上译稿之时,仍然惶恐不已,深恐辜负了他的殷切期待。

感谢好友郭颖、蔺静和小友杨惠迪,他们为部分章节译文的校订提出了有益的建议,当然译文的讹误之处,由我自负文责。

王升远

2020年"3·11"地震9周年之日

改毕于沪上枕云斋